白化文 著

已落言诠

中华书局

图书在版编目(CIP)数据

已落言诠/白化文著. —北京:中华书局,2015.5
(《文史知识》编委文丛)
ISBN 978 - 7 - 101 - 10917 - 7

Ⅰ.已… Ⅱ.白… Ⅲ.社会科学 - 文集 Ⅳ. C53

中国版本图书馆 CIP 数据核字(2015)第 076854 号

书 名	已落言诠	
著 者	白化文	
丛 书 名	《文史知识》编委文丛	
责任编辑	陈若一	
出版发行	中华书局	
	(北京市丰台区太平桥西里 38 号 100073)	
	http://www.zhbc.com.cn	
	E - mail:zhbc@ zhbc.com.cn	
印 刷	北京市白帆印务有限公司	
版 次	2015 年 5 月北京第 1 版	
	2015 年 5 月北京第 1 次印刷	
规 格	开本/787 × 1092 毫米 1/32	
	印张 10½ 字数 200 千字	
印 数	1 - 5000 册	
国际书号	ISBN 978 - 7 - 101 - 10917 - 7	
定 价	38.00 元	

目　录

序　跋

书 话

师 友

杂 谈

札　记

致辞·贺辞

序
跋

《江淮雁斋读书志》序

　　秋禾（徐雁）同志于我有课堂观摩之谊，毕业后又时相过从。我们熟悉得不得了。

　　从学术角度看，秋禾的特点很突出，十分鲜明，这就使勾勒他的形象变得容易了。

　　他是一位好学深思的人，他把心思主要放在钻研学术方面。但是，他又不是躲在"象牙之塔"等处闭门造车死读书的人。他的组织能力极强，一方面团聚学友，广通声气，大家摽着干；另一方面，读万卷书又行万里路，到处调查研究，把重点放在出版业特别是旧书出版发行业方面，可以说是见多识广，创见极多；再一方面，他的组织能力极强，可是心无旁骛，专注于和同声相应的诸君一起，办刊物，出丛书，表扬先贤，不忘故旧。一时间，声誉鹊起。起码在我们行当里，无人不知江东徐公（准"城北徐公"之例)焉。

秋禾的另一大特色是极为爱书。他是一位用书人，深知书籍的好处，因而爱书成癖，买书成性。据说，他起码是南京的藏书家之一。不过，据我所知，他藏书是为了用书，他并不是专门收藏善本的旧式藏书家。然而，照他这样的收藏法，几十年后，定会成为如老一代阿英先生那样的某种类型的新型藏书家矣。

我经常想，秋禾与"五四"以来的先辈相比，有点像谁。大胆地说，他像20世纪二三十年代的胡适之先生。胡先生爱书，藏书丰富。那时在北京，善本不难得，但胡先生不专注于善本，却是用什么买什么，细大不捐，中外兼收。这从您遗嘱留赠给北大的书单子上可以看得很清楚。几部《水经注》、脂砚斋评本《石头记》，就算是胡先生藏品中的翘楚了。胡先生在大学开课，讲授的全是当时的新鲜东西，引领风气之先。胡先生团聚了一批大知识分子，办刊物，是一方领袖，文化班头。胡先生又与大型出版企业如商务印书馆关系密切，经常为他们出谋划策，20世纪30年代的商务版《大学丛书》和某些引进的国外工具书等等，就带有胡先生的雪泥印迹。持以与秋禾相比，秋禾似乎是当代江南具体而微的小小的胡先生那时的翻版。多年来我就有此种想法，深恐落下个拟于不伦之讥，从没敢说。现在提出来，实在是想借此鼓舞秋禾，让他步武前修，在这条大路上更加坚定地走下去，也警惕着，不可走胡先生在抗战胜利后痛苦地所走的过河卒子之路。

记得英国文豪狄更斯说过，序，不断地有人在写，可是没有人看。我极为欣赏狄更斯的话，认为至理名言。读者看的是书，而不是看序呀！趁此打住。是为序。

2009年1月30日，星期五。紫霄园

《品味书简》序

方君继孝，少怀雅志，长负隽才。敏而好文，贤而博古。以霞举之才，当河清之代，每思鼓吹休和，发扬风雅。于是博综翰墨，属意简编，有《旧墨》五记、《碎锦零笺》等著述。组织遗牍坠简，研精尺素双鱼。意匠清新，情辞雅畅。更有新作《品味书简》，即将行世。收拾散亡，整齐琐细。续前贤之往绪，注学海以新流。隋珠和璧，间世皆属奇珍；柯笛爨桐，题品要归具眼。所望探彼玄微，穷其指奥；勤拂毫素，务使晶莹。遵嘱承乏作序，未敢固辞。爰弁卮言，辞达而已。时维己丑大雪节，颐和退士白化文谨叙。

《清代书刻牌记图录》序

　　岁居丙戌，时值河清，知交董光和先生有《清代书刻牌记图录》之制作。遐访林泉，下问老朽。予曰：唯君问学方新，发挥未艾。匠心所寄，书刻迭刊。年经月纬，沉潜在丹铅书史之中；辑柳编蒲，整齐于亥豕窜讹之内。昔曾几度示予玉版，获睹青箱；莫不辉映三才，发皇万有。今更出其余绪，成此鸿篇。启秀瑶林，植根秘苑。搜寻玄圃积玉，纂辑片羽吉光。深探二酉之山，勒成一家之作。借兹林薮，树我琳琅。扬一代梨枣之休，综十朝典籍之盛。化文欣逢盛世，快睹大观。饱哜五侯之鲭，坐披七襄之锦。览兹巨制，愧我芜词。时维游兆淹茂之岁菊月初吉，友颐和退士白化文谨叙。

《奋生——纪念施廷镛先生》前言
——纪念施凤笙先生

施凤笙先生是我国图书馆学界的前辈——现在应该称为"先辈"了；也是我最为心仪的长辈。极为遗憾的是，我从来未曾谒见过老先生，未能亲炙于大师之门。

施煜华先生以《奋生——纪念施廷镛先生》一书的稿本示我，并指示，写一篇"前言"。这是赏给我的最大的面子，极大的荣誉。

我能贡献给方待展卷的读者的卑之无甚高论的话，不过是：

施老是把自己的一生完完全全地献给了我国图书馆事业的先辈长者。您由打1922年加入东南大学图书馆系统工作时起，到1983年九十岁逝世时止，大体上是在图书馆内工作，通计六十余年。您在各馆，早期主要负责中日文图书分类编目，晚年主要从事图书馆古籍整理，以及培养后来人等工作。您辗转于故宫博物院、清华大学、燕京大学、北京大学、中央大学等院校图书馆，1952年院系调整后定格在南京大学。若从南京大学的一部分前身，如东南大学、中央大学等起算，您在南京高校图书馆系统工作逾四十年，屹然为我国图书馆学界东南半壁焉。

据我对图书馆界同仁的观察，图书馆的工作者，绝大部分都勤勤恳恳、奉公守法，面对工作全力以赴。除去调动，都心无旁骛。近年来才开始有跳槽现象。但是，一般的馆员常常满足于努力工作，在图书馆学学术上积极进取者较少，这方面有建树者不多。图书馆学专家和一般馆员，似乎是两股道上跑的车，并行不悖，但却是二水分流。新中国成立前国内崭露头角的专家学者，如我系的刘国钧、王重民等先生，出身武昌文华图书馆学专科学校系统的皮高品、裘开明等先生，都是门里出身，受过正规的大学图书馆学教育，或经过出国培养锻炼。只有施先生乃是在馆内自学成才，犹如旧军队里"出身行伍"者一样。施先生并无高校文凭，连相当于大专的证书都没有。您原先学的不是这一行。可是，您一入行就深入钻研，显露出特立独行的风格，作出自己独特的贡献。20世纪二三十年代，正是我国图书分类法百家争鸣、百花齐放的时代，各个新型图书馆在进行新图书的分类编目时，感觉到老一套的"四部分类法"不足以概括新图书，于是各显神通，各编各的分类法。不论是否付诸实用，公布者有数十种之多。上举刘、皮、裴三位先生，就各自编有自己的分类法，并在一定范围内使用。如皮先生之法在老北大使用，裴先生之法在原燕京大学使用，刘先生之法通行南方各省等地。按说，施老采取某种分类法便可，无人说您不敬业。可是您分外敬业，根据当时清华学校图书馆的具体情况，创造出"清华图书分类法"（后来被人简称为"施法"），并附"清华图书著者号码表"。这就不是一般的馆员的心胸了。您还编制出堪称"空前"的《丛书子目书名索引》，在20世纪50年代末《中国丛书综录》出现以前，学者无不奉之为圭臬，我年轻时即深受其惠。当时施老入行不过十多年，对一位从零做起的人来说，实在难能！

施老沉浸图书馆学界域内六十余年，最后成为斯界文武昆乱不挡的全才。您深深地热爱这一行，具体表现之一，是为培养后来人竭尽全力。我们看到您晚年撰写的许多讲稿以至成书，其内容几乎涵盖了图书馆学的所有方面。而且与时俱进，讲义的内容达到当时国内一流。这是从外行变成大大的内行的极为明显的实例，更是热爱本行并全心全意培养接班人的最佳标兵型实例。

20世纪七八十年代，尚无十分明确的退休一说。施老一直坚持到九十岁逝世，并在八十七岁时被重新任命为南京大学图书馆副馆长。您把一生献给我国的图书馆事业，并成为事业的带头人，我认为，应树这样的老一代学者和领导为标兵，作为榜样以励后人。斯人长往，然而有此一书，使我们能更加深入了解施老的一生，煜华先生起码是为我们图书馆学界做了一件大好事。书中记载颇为详尽，各篇纪念文章及年谱、著作目录从各个方面烘托出施老的诸多业绩，交互阅览，施老的音容笑貌如在目前。我从中受到了极大的教育，也希望读者能够得到教益。时维2007年11月30日，星期五，晚学白化文谨叙于北京西郊紫霄园。

刘老文集前言

我在人前人后与行文时，从来一概称刘铭恕先生为刘老。我是刘老的晚辈。我的本师周绍良先生是刘老的好朋友。老二位在学术上爱好与涉及领域相近，互相尊重。为刘老的文集写序言，本来应该是请周先生来作的。可惜，老二位俱已西游。刘长文先生等位派我代笔，这是赏给我的极大的面子。可是，咱的辈分、资格全不够，可不敢写"序言"。只可写一段"前言"，以示对老前辈的尊敬与悼念。

2000年8月16日下午，笔者收到系里转来的郑州大学文博学院发来的电报："沉痛告知：刘铭恕先生于8月12日11时8分因病在郑州逝世。18日上午8时在郑州殡仪馆举行遗体告别仪式。"顿感脑筋发木，镇定一下，赶紧打电话向周先生报告，接着想辙找郑州电话号码，赶紧打长途电话,请治丧委员会办公室代办送花圈等事宜。然后与柴剑虹老哥通电话,把好不容易打听来的郑州电话号码告诉他,请他代表中国敦煌吐鲁番学会致电。办完此二事,舒了一口气,陷入追思。

笔者初识刘老,时在1984年10月16～21日,在杭州参加"中国敦煌吐鲁番学会语言文学分会成立并首次学术研讨会"之时。会后,并随同他老人家,和与会代表一起游览宁波、普陀。我久已震于刘老在敦煌学界之声名,谒见后方知是一位"即之也温"的蔼然长者。他老人家了解了笔者正在准备开敦煌学目录的课程,并想招收相关的硕士研究生的时候,对我再三鼓励,并说此后要经常联系。

当时我正在备"敦煌学目录"的课,此课除了目录学的内涵外,还得给初入门者补充一些"书史""印刷史"等方面的专业知识。我的备课方法是笨法子,从阅读采集原始资料做起,主要阅读以下原始资料:一、各种敦煌遗书目录,重点是《敦煌劫余录》,《敦煌遗书总目索引》中的《伯希和劫经录》《斯坦因劫经录》这三大目录,摘录其提要中相关材料。二、其他直接资料,如《敦煌石室写经题记》《敦煌古籍叙录》等,摘录的重点同上。我一面据此中所得慢慢地编写讲稿，一面从中挑选出一部分写成单篇文章，在系里的内部刊物等处刊载，为交流请提意见用。其中主要有三篇：《王重民先生的敦煌遗书研究工作》《敦煌汉文遗书中雕版印刷资料综述》《敦煌汉文遗书中有关图书文献资料札记》，现在看来，都是极为浅近和不完不备的东西，可那时却是费了相当力气才初步写成的。初稿都寄给刘老看了，他回信，很鼓励我，但没有提任何意见。

"后进何人知大老！"现在，知道或者说能够正确评价刘老在敦煌学方面的成就的青年人可能不多。必须说明，刘老是我国第三代敦煌学者中的出色人物——如果把王国维、陈寅恪等先生算作第一代，向达、王重民等先生算作第二代的话——其突出贡献为独立编纂了《敦煌遗书总目索引》中的《斯坦因劫经录》。这部目录是刘老于1957年在中国科学院图书馆工作的时候，利用刚刚进馆的英国缩微胶卷，以"大跃进"的冲天干劲，在几个月时间内编录完成的。别人在"大跃进"中干出的活计怎样，笔者不敢说，刘老的工作可确实是经得住时间考验的。王重民先生在《敦煌遗书总目索引》的《后记》中，对此目与英国人翟理斯所编的《敦煌汉文写本书解题目录》

对比后,评价说:

> ……还是刘录比较正确,而且对于我们也是比较适用的。
>
> ……刘录在一些重要卷子的著录下面,使用了三种说明方式,以表达出那些卷子的内容和特征。第一,"题记"……第二,"本文",凡简短的重要资料、契约、文告、诗词都移写出来,供读者参考使用。第三,"说明",凡是需要解释,或需要用其他文献证明才能反映该卷特征的地方,都作了必要的说明。有的还引用了相关的参考资料,或由编者提出了自己的见解,这些都是对读者有用的地方。在这些地方,翟目和刘录最大的区别……刘录则是根据我们的需要(比如说对建立历史科学的需要)来提供资料的。

以上节引王先生对刘老此录的评价。若全引,字数不少,内容颇多,据笔者看,至今都对我们研究敦煌学目录和评价刘老的这份工作有极为正确的指导意义。希望有兴趣的读者自行阅读,限于本文篇幅,这里就不再赘引了。

笔者后来写成《评〈敦煌遗书总目索引〉》一文，发表后又将其中要点收入拙作《敦煌文物目录导论》一书内。其中对刘老业绩的评议也相当长。从各方面作了一些分析之后，总括性的评价大略如下："……尽管一位专家业务水平十分熟练，责任心又极强。如果迫以期程，要求他过分地跃进地完成任务，那么，小错误也是难免的。何况看的还是缩微胶卷……因而，必须指出……从客观上说，是不能完全由刘先生负责的。正像王先生在《后记》中说的，刘先生在几个月的时间里，竟然干成了比翟理斯三十多年的工作还要好的活儿，实在令人惊叹……特别应该指出的是，编成《敦煌遗书总目索引》，可说全仗刘先生此录……只有刘先生此录是新编的……而如果没有刘先生此录，三大馆藏缺一，当时这本书就编不出来。可以说，这是刘先生为《敦煌遗书总目索引》所立的最大的汗马功劳。"

拙作论文寄给刘老看过，他也没有表态。可是，1987年他到北大来参加一次文物系统的会议，住在勺园二号楼，我和我爱人李鼎霞去谒见，他对我们异常亲切。当时还与我合影一帧，并与文物出版社社长杨瑾大姐及我们夫妻四人合影一帧。现在看来，这两张照片虽然照得不好，但其资料性极为珍贵。可惜，现在已经找不到底片了。从此我就失去了再次亲炙刘老的机会，而今更是人天永隔矣！

且回头来说，1985年8月3～9日，在乌鲁木齐召开中国敦煌吐鲁番学会第二次国际学术研讨会。我在会后赴敦煌参观，又到北疆考察，9月7日才回到北京。会议时已经有上海辞书出版社的领导和宁可等位牵头，为编纂一部《敦煌学大词典》作准备。我当时并不知道。9月20日，我在北京图书馆敦煌资料中心（当时似仅为筹备处）见到学会的工作人员王东明，他说樊锦诗（当时是敦煌研究院副院长，现为院长）到了北京。那时，《光明日报》等报纸正以整版篇幅刊载对她的特写报道《敦煌的女儿》，而我招敦煌学目录的硕士生，报名者稀少，只有一位，就是现在中国社会科学院历史研究所干此项工作的研究员杨宝玉。我想鼓舞学生献身大西北的斗志，赶紧跑到樊锦诗下榻的"上园饭店"，请她来北大作报告。她在9月26日晚来作报告，大受欢迎。可事后报考者仍然仅有杨宝玉一位。此事另当别论。我在20日晚上赶到饭店时，才知道一批人在此处开《敦煌学大词典》的首次正式工作会议。刘老也出席了，他是编委，负责"版本"和"四部书"两部分。中华书局的柴剑虹同志也是编委，负责"文学""音乐"等部分。柴先生约我写点"文学"词条，我答应了。刘老只说让我多帮忙，我也漫然答应了，心想也就是写几条词条罢了。刘老还特别嘱咐责任编辑杨蓉蓉女史给了我好些种词目表，我也漫然地收下了。这是我首次与杨蓉蓉女史结识。

不久，我就接到刘老来信，寄来"版本"条目。一看，大喜，觉得刘老真是照顾我。老人家总是默默地提携我，他是一位真正的绩学长者。他后来在词条编写方面虽然没有亲自动手，是客观限制使然。用汉高祖的话说，刘老乃"发踪指示"的人，我最多是"功狗"而已。

应该说，我对于刘老学术的整体上的认识甚少。这与我的慵懒和读书少有关。此次看到刘长文先生传来的刘老文集简目，才震惊于刘老学术涉及面的深广。有许多问题，学术界还在争论不休的，老人家已经给解决了，只是我们还不知道罢了。这也从一个侧面反映出刘老不求闻达的谦逊性格。因为尚未能遍读刘老全部著作，只能就所知先报告至此。我以为，我们应该向刘老学习的，除了学术成就以外，更应提到的，恐怕还是刘老的人格。

农历庚寅岁药师佛圣诞之日，晚学白化文拜撰。

《北京大学图书馆藏拓本集录》序

名山祠宇，故实勒石；巨榜丰碑，述古铭功。剔苔藓以显文，打墨本而凝黛。词章尔雅，雕琢入神。传拓精绝，传流宝贵。北京大学图书馆庋藏拓本，国内大学居冠。前有艺风柳风之藏，今具递加叠加之势。盖缘改革开放以来，金石拓片组胡海帆、汤燕诸君子罔辞劳苦，不断搜寻。勘异比同，穷搜博致。于今新拓已与艺风旧藏相垺。壬辰之岁，芸台百又十年大庆，同仁择菁展示以贺。北京大学出版社培文公司诸公循览称奇，观摩兴感。即将付之剞劂，以广传流。征序下走，辞谢无从。窃以打本足补史事阙疑，扩充乡邦文献。识历史之演变，穷人事之迁流。不少轶闻，颇饶旧典。加以词多少女，笔走神龙。披阅意共境迁，神与古会。进化考推迁之故，阅世有今昔之观。考源镜流，抚时感事。传流后世，发扬幽光。聊缀片语，以为先行。时维壬辰清和之月朔日，颐和退士白化文谨敍。

写在前面的话
——为《〈册府元龟〉唐史资料辑录》作

　　本师周先生，年幼时就读家塾，所从者多名师。如谢刚主（国桢）先生，唐立庵（兰）先生等位。陈援庵（垣）先生亦单独授课。各位先生根据周先生资质与家庭情况及家长要求，认为周先生发展方向应以钻研唐代历史与文学为主，旁及其他。在陈援庵等位先生指导下，周先生除博涉先秦以下经典外，通阅两《唐书》，旁涉唐人传奇、碑传文字、敦煌卷子、佛教经典等。为夯实基础，陈先生力主，周先生应通读《册府元龟》，并摘抄其中有关唐代部分，以便进一步与唐代其他史料比对。周先生谨遵师命，奋力将《册府元龟》中唐代史料全部摘抄，同时比勘其他史料，随时记录心得体会于钞本书眉。以其为从学之始，对此项个人少年时成果特别重视，匿藏箧中，从不轻易示人。化文从学三十载，虽在侍坐时常蒙叙及，但从未见原稿。

先生生西五载，启瑜师妹始以此稿见示，洋洋三十余大册，蔚为大观，叹为观止。师妹设想付之剞劂，借以纪念先生，并满足师母病榻缠绵中最后悬念。因以商诸国家图书馆出版社社长郭又陵先生与责任编辑孙彦女史等，均获同意。更得新闻出版署出版司古籍处王然处长等位领导大力支持，得以影印付梓。此次影印将全书分为十八册。为方便读者查阅，孙彦女史又为本书重新编排了目录。为之欢喜赞叹。至此，先师遗著大体出齐。先生莲池东望，想当颔首。师妹以弁首见嘱，因著其由来如上。时维上章摄提格燃灯佛圣诞日，受业颐和退士白化文顶礼九拜谨叙。

《影印周叔迦先生手稿集成》前导

　　太老师水月光阁主，德齐龙树，才比马鸣。以菩萨身，现居士相。弘扬佛法，培育僧材。平居阐扬至文，光融圣典。探玄畅滞，起废发蒙。意旨深圆，事理通畅。持瓶泻水，以火传薪。唯是法难荐臻，不自收拾。今赖法源寺吕铁钢先生等故旧新知，言念前尘，扶轮法事，掇取遗逸，搜寻散亡，集成久扃秘藏手稿数十种。是为太老师《全集》出版后新发现，其文献、书法等多方面价值难以估量。奉为剞劂，用广流通。启晋、启瑜诸师弟妹，以化文终始追随，从来翊赞，命缀片言，以为前导。时维佛历二五五五年，观世音菩萨出家吉日，小门生白化文合掌恭敬谨叙。

《承泽副墨》前言

　　"文章是自己的好"。可是年轻时，对自己写的稿子却不大收拾。认为将来还能写出比这些强得多的呢！慨自朽人自北京大学信息管理系退休以来，端居多暇，不免回头观看，发现咱家的能耐不过如此。马戏团淘汰的老狗熊，玩不出什么新花样啦！塌下心来整理旧稿，慢慢地冒出一些敝帚自珍的心理，想一想，印出来看看也不错呀！

　　秋禾同志与我旧有课堂观摩之雅。他一向十分照顾朽人，遇见事由就想着提携在下。朽人向他倾诉了出书的瘾头，他就忙活起来。本来，洒家以为这是有一搭没一搭的事，办成的可能性等于零。没想到，没到半个月，他就报捷催稿啦！真神呐！

　　以下，汇报有关这本书的情况，如下：

　　首先，解释书名。书名是"承泽副墨"。"承泽"指的是北京大学家属宿舍"承泽园"。这可是老北京西郊名园之一，许多书上都有记载的，不赘述了。当然，今与昔大不相同，咱们已然住的是楼房，经过大修的旧园林之一部分，蜷缩在园子西北角，新旧对比，颇为鲜明。当然，"名园承泽仙乎隐""爽气西山望里青"，何修得此！只有天天感念党和人民的赐予啦！于是，酸腐之气大发，退休后自称"承泽退士"。其解释见本书中《"退士闲文"弁言》，亦不赘述。"副墨"呢？咱是由《汉语大词典》上"下载"学来的，且抄出来看看：

> 指文字，诗文。《庄子·大宗师》："闻诸副墨之子。"王先谦集解引宣颖云："文字是翰墨为之，然文字非道，不过传道之助，故谓之副墨。"……清金农《访韦隐君用良山居》："……百氏菁华副墨传。"

朱自清先生文集中有"诗多义"一文，我借来断章取义、缪解以上引文：朽人写的只是文字，自己没有什么"道"，"助"传的乃是诸位大名家的"道"。这是一解。诸位大名家即"百氏"，他们的著作当然都属于菁华，我不过应用文字来勉力表达一下学习体会于万一罢了。这又是一解。总而言之,《承泽副墨》者,承泽退士试写的企图阐明或说希望表扬诸位大名家的优秀著作的小文及相关的文字而已。

其次,说明本书的内容。

此书分成三部分。

第一部分是书评。20世纪60年代初,刘世德学长派我给陈贻焮先生的《王维诗选》写一篇书评,登载在《光明日报·文学遗产》之上,那是鄙人写书评的发轫。此后沉寂多年,直到1986年才又动笔。十五六年来,大大小小的篇幅,也写了百十来篇。现在挑出几十篇,集在一起,以便就正于读者。愿借此报告:

这些篇都是"遵命"写作。我系孟昭晋教授前几年开过"书评研究"课程,用的是新中国成立前萧乾先生出的一本书当教材,可见,此种书有点断档。他知道我常写书评,曾叫我去讲几节课,咱没敢去。我直率地对他说,据十几年的写作经验,讲课、写讲义、编书,跟实际上的写作是两码事。许多内情在课堂上讲不了的。

剪断截说吧,写书评是"五方四面"的事。五方,是执笔者、著作人、出版社、答应刊登的报刊,最后才是读者。四面,就是除了读者以外的那四方面。在下从来没有投过书评稿，全是约稿。著作人有愿望，出版社有要求。咱首先是为这两家办事的。不管两家谁来约，都得尽可能把两家的意图摸一摸。咱们载的可是人家的"道"啊！文字上闪展腾挪，可就是咱们的事了。那不是"曲学阿世"嘛？唯唯，否否，不然。留给咱们的回旋余地还大着哪。看出不成的作品，千万别接书评的活计，就是最重要的先机一着。如果到了非写不可这一步，其中的深沉可就难以尽言了。

写作前，更重要的一步，是和第四方即要登载的报刊联系好。若是著作人和出版社给说好了，那是最好的了。写完了送给他们就是了。要力争这么办。一般说，在下以此为写作必要条件。您说，让早已过了气的朽人自己去投稿，非撞南墙不可。尽可能别应自行投稿的差使。到写的时候，可得把尺寸量好：相度好报刊篇幅，不可下笔不休。要知道该报刊的风格、脾气，比照人家发稿的成规，照猫画虎，比着葫芦画瓢。"文章中试官"，这里面的深沉也大了。

最后，咱们的文章总得有点自己的观点、想法，还得在遣词造句上有与众不同之处，更要有动人之处。不然，没人登，登了也没人看。自己的道儿就越走越窄喽！

书评乃是小道，可是也不容易走啊。朽人走了十多年，析文字于微茫，几人知己？唯愿读者鉴知且垂教焉。

第二部分是"前言""序""弁言""小引"之类，题名虽不同，都是写在书的前面的。又分为两小类加一种附录性质的小类，实际上是三小类。头一小类是给著作人的大著写的，说白了就是给人家写的。按文体分，又分为白话文和骈体文两种。在下应邀作序二三十次。这是个苦差使，一因很少能看到著作人的绝大部分原稿，二因催稿急。按说，序言类与书评类有其相通之处，然而更难写。除去书评要考虑揭载报刊那一方在写序言时不计，其余各方全得照顾到了。用骈体，正是空城计弄险一着，表面看似乎走钢丝，实则空荡荡，好办。

第二小类是自序。在下从1982年至今，编写（包括与人合编）出版单行本书籍约三十种，差不多全有自序。有的自序专业性忒强，一般读者不一定爱看。这里选登的都是有点自己的想法，可又比较浅豁的。

附录的几篇是"寿序"和"征文小启"。

第三部分呢，本不在原计划之内。缘起于秋禾君的美意，他叫我"写一篇一万字左右的治学道路回忆录，一起编入本书"。可怜我哪有什么"治学道路"，给我天胆也不敢写呀！可是，更不敢违命。姑且用取巧折中法：把以前写的几篇小文串在一起，尚可见朽人五十多年来求学的雪泥鸿爪。可能不太连贯，线索却还可找到。您凑合着看吧！以《人海》一篇打头，意在说明：在北京这个文化城中，学习研究任何学术，都可觅同行、知音。像北京、南京这样的古都，人才聚集之地，文化学术气氛浓郁，只要做个有心人，持之以恒，"熏"也能熏出点学问来。

最后，请允许我向出版这本小书的秋禾君、出版社诸执事及相关人士，表示我意重言轻的感谢！没有他们的创意、安排和排除万难的不懈努力，我是连作梦也梦不见这本小书居然会出现在读者面前的。至于它的命运，它应遭受的批判，那肯定是由读者掌握的了。

《丁亥观书杂记》前导

太老师弢翁为中国最后之传统大藏书家，所藏美富甲天下。悉数化私为公，高风亮节，世所共仰。先辈时贤文字揄扬，报章常有所见。

均以为，弢翁非独以藏书家名世，实兼爱书、选书、读书、校书、刻书、献书而兼有之。非但并世，自有藏书家以来未之有也。

景良师叔时深孺慕，以天津图书馆李国庆先生等位之介，重摩先人手泽，欣慨良深。发为文字，集成《丁亥观书杂记》。所述有关家族情事，均为文史资料。尝于2010年8月自行印刷60部，分赠亲友。外界需求迫切，征购无从。

国家图书馆为纪念弢翁捐献义举，前已编辑出版《自庄严堪善本书目》《自庄严堪善本书影》等资料，历年并曾举办展览。今春更安排大型展览。国家图书馆出版社领导应诸多读者需求，配合展览工作，愿迅速公开出版此书。足证热心公益，不计成本，追求速度，实为难能。以化文于师门终始追随，命为此书前导。义不容辞。时惟壬辰清明祭扫之日，小门生白化文顶礼谨叙。

《人海栖迟》前言

　　我原来起的书名是《侧身人海叹栖迟》，用的是清代著名诗人黄仲则（景仁）的诗句。北京燕山出版社总编辑赵珩世兄以为，书名不宜过长。他建议就用《人海栖迟》便了。我认为，一则，他的意见很对，很好；二则，作者最好听出版社的，没有亏吃。可是，我用黄氏的诗句，原意是什么呢？

　　"人海"的一个特定涵义指北京，读者一看这本拙作的开宗明义头一篇《人海》便知。"栖迟"，有"游息"或"滞留"等中性义；有"久居一地而漂泊失意"的带感情色彩的偏向义。在前后加"叹"，如陆游《上郑宣府启》："某流落无归，栖迟可叹。"以及我们前引黄氏的诗句，就有点"坐宫院自思自叹"的情绪了。我已到"瓶花帖妥炉香定"之时，早就连哭都哭不出来啦！居然自欺欺人，冒出点情绪来，很有点"为赋新词强说愁"的劲头了。其实，翻成白话，"人海栖迟"就是"在北京居住多年而毫无成就，乏善可陈"之意也。说到"侧身"，《汉语大词典》中下的定义，有"倾侧其身，表示戒惧不安"和"厕身，置身"等涵义。总之是不敢正坐，起码有点谦虚的意味吧。我用黄氏诗句全句，也是为了表现出这种意趣来。压缩成《人海栖迟》，未为不可。可是，我想，必须在"前言"中把自己的原始意图汇报清楚，以免使人误会有不谦虚的地方呀！

这本拙作，大部分系拼凑已发表过的旧作而成。都是与北京拉得上关系的。它像全素斋的拼盘，尽是老北京的风味。您看看目次，已经用隔行法略作区分。其中有一篇《就读育英中学（1943~1949）》是未发表过的最新作品。我本来还想写一篇《负笈北京大学（1950~1955）》，后来一想，育英中学的事，有的已经是一个甲子的事了，属于近代史范畴。说点出格的，还不太招骂。北京大学呢？一来，时间太近，乃是现代以至当代史；二来，我在这里领退休金呐。所以，缩脖子龟息去矣。

这本拙作中收集了一些下走的骈文酬世之作。吴小如老师曾以一个字评之："浅！"真是洞彻肺腑！我从小学习酬世，一因老北京应酬多，二因我家和我姥姥家均无成年男丁，因而出道甚早。我学习写各种应酬对联，写应用型骈体文，均是为此。不外照本宣科。逐步体会到，所写的都是有针对性的，有一定的读者群的，不宜艰深，要让读者群中的大部分人看得懂。要完成任务，别横生枝节。因而，一不可写深了，二不可犯忌。不求有功，但求平稳。吴老师真是衡文宗匠，一个字抉出一个人的风格底蕴。吴老师题目学林亦莫不如是，诚乃当代临潭之照水犀焉！我把这些"选学余孽"收入，一个意思是，它虽为雕虫小技，也像园林整修工程、文物拍卖市场，其兴废可觇时代气运。何妨以此作为百鸟齐鸣的盛世和声中的一种旧曲翻新呢！

　　说多了无用，请读者往下看吧。希望大家能喜欢，希望出版社别为这本书赔钱哪！

2005年1月17日，星期一

《楹联丛话全编》新版前言

　　点校此书，始于1986年，由白化文和李如鸾共同作成。1987年在中华书局初版，系繁体字直排本。此后，李鼎霞又陆续校对、加工，并与白化文研究，对书中所收材料作了一些增删、改动，以《楹联丛话全编》的书名，在北京出版社出过简体字横排本。2000年，江西人民出版社出版了《联话丛编》，整套丛书均系繁体字直排本，此书的李、白点校本中的大部分亦被收入。从北京出版社本起，点校的底稿基本上都属于重做，而且李鼎霞做的工作最多，所以改署李鼎霞、白化文两人的名字。此次中华书局重版，也是如此。先作出校对表格，提供责任编辑采择。必须说明的是，李、白二人此次所作，有的超出单纯的校对范畴，而是对原书有个别改动。例如，《楹联四话》卷四，道光帝挽林则徐联，原书所引，上联起首作

"答君恩清慎忠勤"，结尾则作"犹自心存君国"；下联起首是"殚臣力崎岖险阻"，结尾是"空教泪洒英雄"。上联重出"君"字，下联也没有反映出对应来。因此，我们酌改上联第一个小分句中一字，作"答主恩"。这在前两次李鼎霞参与时，就已经改过了。我们认为，这次的新印本，可以玩笑地称为"李、白本"。似此等处，均请读者体察。总之，我们干的初步的活计到此，以后就该听读者的评判啦！

2005年6月，紫霄园

《周绍良文集》刊印后记

　　秋浦周先生暨德配东海沈夫人，金张华胄，尹姞名闺。相偶成说，匹休偕老。福征寿考，《书》标"洪范"之畴；位正严明，《易》著"家人"之卦。哲嗣启晋等，烨烨凤毛，振振麟趾。义方承训，孺企事亲。金以先生学界清流，文坛斗象；鉴藏老宿，文物名家。平素多弄上党渝麋，累藏四丸香墨。潘谷明辨，常侍赏真。于是楮国交游，作老子"守黑"之箴言；松侯封爵，写张衡"思玄"之辞赋。专著出版多种，海外风行。唯是刷印美备未臻，误植所在多有。职是发心，重加董理。星罗周备，摛藻扬华。将以乙酉上巳米寿之辰，合称二老七帙比翼之庆。酌无疆之酒，献难老之书。长生永卜，万福来同。忝文人幸登堂，学惭窥豹。聿当嵩祝，敢染华笺。时维公元2004年岁次甲申仲冬，阿弥陀佛圣诞之日，作为后记。

《古籍整理浅谈》弁言

　　仲弘学长，三吴世家。幼敏才情，早耽文史。通籍国子，深竟古籍。既而服务中华书局四十余年。沈潜纂著之中，回翔木天之上。探书万轴，拂纸千言。莫不彰明缘起，考竟源流；该悉部区，洞察本末。进而奖掖同仁，主持大雅；推贤乐善，置己先人。高文大业，众口同词；狷操和风，一身兼备。顾问不遑，应答如响；辨无不释，言必造微。群推学林通矩，古籍鸿裁。今当盛世崇文，正宜名家阐道。于是纂辑傥论，汇为专书。实函今茹古之文，乃发藻摛光之作。俾后进得奉矩矱，惟大方足备典型。化文与学长，蚤同盍戠，忝属通家。倾盖华年，饮醇积岁。承命题辞，敷陈俚句；敢夸流水，用景高山。时维上章执徐之岁仲冬望日，同学弟承泽退士白化文谨叙。

有关秋浦周氏三位先生的影印书的前导

我是秋浦周氏诸先生的门生和小门生。最近，国家图书馆出版社影印和正在影印，以及即将影印已故三位周先生的学术性论述手迹。周启锐、周启晋、周启瑜三位师弟妹分别派我在书前写些文字。现在把三部分集合在一起发表，供提意见用。

《〈册府元龟〉唐史资料辑录》

此书已在2011年5月出版，分装十八册。责任编辑为孙彦女史。我奉派在书前写个说明。如下：

写在前面的话

本师周先生，年幼时就读家塾，所从者多名师。如谢刚主（国桢）先生，唐立庵（兰）先生等位。陈援庵（垣）先生亦单独授课。各位先生根据周先生资质与家庭情况及家长要求，认为周先生发展方向应以钻研唐代历史与文学为主，旁及其他。在陈援庵等位先生指导下，周先生除博涉先秦以下经典外，通阅两《唐书》，旁涉唐人传奇、碑传文字、敦煌卷子、佛教经典等。为夯实基础，陈先生力主，周先生应通读《册府元龟》，并摘抄其中有关唐代部分，以便进一步与唐代其他史料比对。周先生谨遵师命，奋力将《册府元龟》中唐代史料全部摘抄，同时比勘其他史料，随时记录心得体会于钞本书眉。以其为从学之始，对此项个人少年时成果特别重视，匿藏箧中，从不轻易示人。化文从学三十载，虽在侍坐时常蒙谈及，但从未见原稿。

先生生西五载，启瑜师妹始以此稿见示，洋洋三十余大册，蔚为大观，叹为观止。师妹设想付之剞劂，借以纪念先生，并满足师母病榻缠绵中最后悬念。因以商诸国家图书馆出版社社长郭又陵先生与责任编辑孙彦女史等，均获同意。更得新闻出版署出版司古籍处王然处长等位领导大力支持，得以影印付梓。此次影印将全书分为十八册。为方便读者查阅，孙彦女史又为本书重新编排了目录。为之欢喜赞叹。至此，先师遗著基本出齐。先生莲池东望，想当颔首。师妹以弁首见嘱，因著其由来如上。时维上章摄提格燃灯佛圣诞日，受业颐和退士白化文顶礼九拜谨敍。

说明：我是门生，不敢说给老师的著作写序，只可说是"写在前面的话"。

周一良先生手批《世说新语》与《二十四史》影印件前导

这是国家图书馆出版社特约项目。派我在书前写点文字。我不敢说写序，只能说是"前导"。

前导

师伯太初先生，族望通明，门风清邵。少年挺秀，总角从师。进而深竟史家，负笈北美。究开元密宗之旨，习梵音佉字之书。载誉归来，腾声庠序。在万人如海之中，有国士无双之目。开国全盛，天祚维新。昔苦心于少壮之年，今陈力于休明之代。创辟门径，津逮后生。国子英髦，咸资准的。晚年举国安泰，海宇清平。淡泊闲居，精神澡练。以余力研精学海，啸傲书林。殚心忽微，游观竹素。咀英华于流略，镜兴乱乎史文。炼汞为丹，窨花成蜜。华实布濩，表里发挥。兴泰岳之云，道昆仑之脉。国家图书馆出版社郭又陵社长以下诸执事，睹此遗编，共深仰慕。戮力勒成全帙，广布学人。以化文曾接末尘，用为前导。师门回首，无尽瞻依。小子何知，聊陈短引。时惟辛卯清秋，老门生白化文谨敍。

《影印周叔迦先生手稿集成》

此书影印周叔迦先生手稿数十种，集成线装三十大册。

前导

太老师水月光阁主，学齐龙树，才比马鸣。以菩萨身，现居士相。弘扬佛法，培育僧材。平居阐扬至文，光融圣典。探玄畅滞，起废发蒙。意旨深圆，事理通畅。如持瓶泻水，实以火传薪。唯是法难荐臻，不自收拾。今赖法源寺吕铁钢先生等旧雨新知，言念前尘，扶轮法事，掇取遗逸，搜寻散亡，集成久扃秘藏手稿数十种。是为太老师《全集》出版后新发现，其文献、书法等多方面价值难以估量。奉为剞劂，用广流通。启晋、启瑜诸师弟妹，以化文终始追随，从来翊赞，命缀片言，以为前导。时维佛历二五五五年，观世音菩萨出家吉日，小门生白化文合掌恭敬谨叙。

《文献学与文献学家》序

王余光同志是我的忘年交，熟悉得不得了。

王余光同志是我系即北京大学图书馆学系（现称"信息管理系"）1979级入学，1983年毕业的学士。在校时各方面都已出人头地。他与我系与他同学的徐雁、中文系古典文献专业的钱婉约等位组织"学海社"，此社为当时北大学生社团中之翘楚，奉王了一（力）老师为总顾问，以下顾问颇多，几乎网罗尽北大当时与文献学有关的教师，在下亦有幸忝列其中。他们请顾问并非备而不问，而是经常咨询。因而，我与他们特别是王余光、徐雁两位颇多往来，这也因为同系的缘故吧。我发现，学海社社员中胸怀大志有志于将来在文献学方面开疆辟土者不少，王、徐、钱三位尤其突出。我判断，二十年后，学海社中的一些位必成为我国文献学界主力。今幸所料不虚。钱婉约女史是国学大师钱宾四（穆）先生的孙女，家学渊源，与余光志同道合，结为伉俪，比翼齐飞，更是当代文献学界佳话，人皆艳羡焉。

王余光同志自北大入学后即肆力钻研文献学，取得博士学位。在他不断发表的诸多著作中，对文献学提出许多精辟见解。例如，他认为，中国的文献学，应以"文献制作、文献工作、文献发展、文献价值作为研究的主要领域"，并在自己的研究中身体力行。他还不断开辟新的领域。例如，他着力重点研究"民国年间"的出版史实，进而探讨当代出版业中的重大问题。在《中国新图书出版业初探》一书中，首次提出"新图书出版业"的概念，除了自己的研究以外，还指导了近二十篇博士、硕士论文，形成一整套"众星拱月"的系统与态势。他大力进行"阅读文化研究"，所编写的《影响中国历史的三十本书》《塑造中华文明的二百本书》等著作，在海内外产生了巨大影响。

王余光同志集学者与社会活动家于一身，他具有强大的调谐人际关系的能力，广交学术界师友，擅于领导学术部门。他自我系毕业十年后便升为教授，十二年后担任武汉大学图书情报学院副院长。自调回我系后，连任系主任至今。他还担任教育部高等学校图书馆学学科教学指导委员会主任，中国图书馆学会副理事长全国估计保护工作专家委员会委员等职。他如八臂哪吒一般，应付各方游刃有余。我对他极为佩服，佩服之至。

　　国家图书馆出版社一向以首先服务于图书馆学界为职志，多年来大力支持学者出版著作。我对该社一向是佩服的。承蒙社领导和同志们不弃，曾掷下一封"顾问聘书"，那是十多年前的事了。可惜我毫无建树，自觉赧颜。此次为余光出选集，是一件好事，于私于公，总觉得应有点表现。因此，自告奋勇，倚老卖老，为之呐喊几句。敢于向读者推荐的是，您只要读下去，如入宝山，定有收获。是为序。

2007年9月29日，星期六。紫霄园

《五百罗汉》前言

　　这是一部奇书。北京燕山出版社社长兼总编辑陈文良学长派我两项任务，一项是对原稿先学习一遍，第二项是就学习心得写一篇前言。力辞不获，勉力为之。

　　罗汉，是阿罗汉（梵文Arhat的音译）的简称，原来指原始的小乘佛教所达到的最高成就。据说，一位佛教徒修行，可能达到高低不同的四种成就。每一种成就叫一个"果位"，有点类似于现代的学位。这四种果位是：

　　初果：名为预流果（Srotapanna，音译：须陀洹），获得了初果，在轮回转生时就不会堕入"恶趣"（指变成畜生，恶鬼等）。

　　二果：名为一来果(Sakrdagamin，音译：斯陀含)，得到此果，轮回时就只转生一次。

　　三果：名为不还果(Anagamin，音译：阿那含)，得到此果，就不再回到"欲界"受生而能超生天界。

四果：是阿罗汉果，受了此果，他是诸漏已尽，万行圆成，所作应办已办，永远不会再投胎转世而遭受"生死转回"之苦。得此果位的人就称为阿罗汉，简称罗汉。

据《十诵律》卷四所记，释迦生时，便有随他听法传道的五百弟子，称为"五百罗汉"。《法华经·五百弟子授记品》中，也记有佛为五百罗汉授记的事，《法住记》记十六罗汉各有驻地，各有部下，从五百到一千六百不等；五百罗汉是其中最起码的一组。《舍利弗问经》中记载，弗沙密多罗王灭佛法后，有五百罗汉重兴圣教。西晋竺法护译的《佛五百弟子自说本起经》中，又记载了佛灭度之次年，迦叶尊者与五百罗汉（五百比丘）最初结集的事。结集是梵文Sangiti意译，指的是编纂佛教经典。南传佛教又有五百罗汉参加在斯里兰卡举行的第四次结集的传说。总之，有关五百罗汉的传说，在佛经中多有记载。可是，都没有一一记下名号。

五百罗汉是何时出现于中国的呢？据《高僧传》卷十二，他们最初显现于天台山，那是东晋时代的事。到了五代，对罗汉的崇拜兴盛。显德元年(954年)道潜禅师得吴越钱忠懿王的允许，迁雷峰塔下的十六大士像于净慈寺，创建五百罗汉堂。宋太宗雍熙二年（985年）进罗汉像五百十六尊（十六罗汉与五百罗汉），奉安于天台山寿昌寺。在此期间，各地寺院也多兴建罗汉堂或罗汉阁。名画家李公麟等画有五百罗汉图像。

至于罗汉名号，现存早期的石刻记录有两件：

一件是，新中国成立后在广西宜山县会仙山白龙洞摩崖上，发现了北宋元符元年（1098年）的《供养释迦如来住世十八尊者五百大阿罗汉圣号》碑刻，记录了十八罗汉与五百罗汉的名号。

另一件是，宋绍兴四年（1134年）十二月所立的《江阴军干明院罗汉尊号石刻》，乃南宋人高道素所录，列举第一罗汉阿若侨陈如到第五百罗汉愿事众，一应俱全，原碑不存，碑文收在《嘉兴续藏》第四十三函中，近代佛寺所塑五百罗汉像，多依之列名。

必须说明，以白龙洞摩崖和干明院碑相比较，两者所列罗汉名号和排列次序并不完全相同，前者镌刻虽早于后者三十六年，但因发现甚晚，所以，自宋代以下，尤其是近现代的寺庙中，有罗汉堂供奉五百罗汉的，或绘画五百罗汉图的，均大致以干明院碑为根据。

五百罗汉像，一般分为塑像、画像两类。塑像常见于佛寺中，因为太多，非一般佛殿所能容纳，多另辟罗汉堂以处之。立此一堂罗汉，用工甚巨，所以，带罗汉堂的寺庙，多为大寺名刹。近代寺院中有代表性的罗汉堂，有北京碧云寺、上海龙华寺、汉阳归元寺、昆明筇竹寺等。其中名塑极多。有趣的是，由于五百罗汉人数众多，很难一一指实，有的人就想把自己的形象也塑将进去，过过受香火的瘾。这方面有代表性的是清乾隆皇帝。北京碧云寺罗汉堂里第四百四十四尊（有牌位，号数）罗汉称为"破邪见尊者"，这位金身顶盔挂甲，罩袍蹬靴，两手扶膝，双目炯炯，分明戎武帝王，哪是超尘离垢相，原来，这就是乾隆为他自己塑的那尊罗汉像。更有意思的是，昆明筇竹寺内清朝末年所塑五百罗汉像中，竟然出现了基督教祖师爷耶稣的形象，真是匪夷所思。据我们推测，那时法国占领了越南，英国占领了缅甸，他们的传教士经常越界深入云南，进行种种活动。云南本是佛教盛行之区，对基督教教义自然格格不入，但慑于列强的淫威，对那些教士的公开传教也无可奈何，好在佛法广大，无所不包，倒不如承认耶稣也是一个罗汉，他们宣传的教义可以包括在佛法之中。于是，就出现了这尊奇特的形象。

有关的名画也不少，依其载体，可分为绢纸与石刻两大类型。绢纸型每为石刻型所本。如江西庐山博物馆所藏清代画家许从龙绘的"五百罗汉图"，现尚存一百一十二幅，属于国家一级文物，十分著名，近年江西人民出版社曾影印出版，属于绢纸型代表。石刻型代表作，如"五百罗汉像帖"，原石于清嘉庆四年（1799年）于常州府（今江苏常州）天宁寺镌立，乃是仿杭州净慈寺塑像绘图勒石，由晋陵吴树山镌字，常州知府胡观澜作跋，有拓片像帖流传。清光绪七年（1881年），释心月翻刻立石于湖南衡山祝圣寺，并附平江李元度所作《祝圣寺石镌五百阿罗汉像记》及吴锦章序。亦有拓本像帖流传。这两种拓片，可称石刻代表作。

汉化佛教中，佛和菩萨的形象，到唐代已基本定型，逐渐类型化。他们的衣饰也很特殊，与平常的世俗人等区别很大。罗汉的传说是大致从《法住记》流行后才开始普及的，罗汉穿的又是汉化了的僧衣，和一般的和尚没什么区别，有关他们的生平资料也不多。这些，都给艺术家以驰骋想象的极大创作余地，使他们可以在现实的老幼胖瘦高矮俊丑等大量活生生的和尚基础上，发挥想象，创造出生动的多种罗汉形象来。可以说，罗汉一到中国，就异常生动活泼地显现在佛教徒、艺术家的心目中，丰富中国绘画、雕刻的题材和内容。

前面已经说过，"五百罗汉"名号实际上是中国人的创造，虽有些佛经上的依据，但从来还没有人详细探究过，因此语焉不详。应该说明，用溯源的方法到《大藏经》中给五百罗汉一一的找出处、依据，作成小传，可是一件十分巨大的工程。当然，现在有了与《大正藏》配套的《大藏经索引》，利用它溯本求源，可收事半功倍之效。但是先查索引，再找藏经，最后把资料融为自己的东西，重新编录成文，工程仍极浩大，本书两位作者不避冗难，花费这样大的精力试图弄清各位罗汉的根据出处，是非常值得赞赏的。

从《大藏经》中就可以看到，佛教认为"佛法广大"，无所不包，容纳了许多别的宗教教义，采纳并改造了许多神话传说。在发展过程中，南传、藏传、汉化佛教三大体系又都或多或少地与当地传统文化融合。如，藏传佛教中溶入了若干本地原始宗教"本教"的成分，汉化佛教和中国中原地区传统文化的融汇尤为明显。更应特别指出：汉化佛教在流传中变化多端，又分裂成许多宗派，因此如长江大河，纳百流而俱下。佛经中说法纷纭，先后译出的"小乘"、"大乘"、"密宗"等经典所载佛、菩萨、罗汉等的传记行事,每多矛盾纠纷,不甚一致,看来也是各有各的创造。因此,可以说,能在头绪纷繁的佛经资料中提取、变化、生发,并从而创造出属于自己的作品,正是两位作者功绩所在。在我们这个旅游热的时代,本书至少可为探访佛教殿堂研究佛教艺术的人提供一定的根据和资料,这也是编者的一个初始意图。本书至少是一部佛教故事新编,海内外尚无同类之作。它呈现出一种奇异的光彩,有识之士一定会看重它,懂得它。凡是阅读它的人,如随喜鹫峰宝殿,一定不会空手而归的。

书

话

要自学，靠自己学

我在1946年进入北平育英中学高中。育英中学图书馆藏书不少，我把其中的《开明青年丛书》基本上全看了。其中，《怎样利用图书馆》（洪焕椿）《学习心理之话》（傅彬然）对我影响甚大。

育英的多面手王蔚然老师在教务处工作，当历史、地理、国文老师缺人时，就来代理。他来代课时，劈头就提问："上高中与上初中有何不同？"然后，慢慢解释：上高中，实际是为上大学作准备。大学有文理法工农医六类学院（国民党政府规定）。各个学院又分科分系。不必企求在中学各科全面发展，只需将考大学的敲门砖大致磨好就成。应即刻考虑将来入哪种系科，甚至上哪个大学的何种系科。在课余要多读与那种系科相关的书籍，甚至往想上的大学多探探道去。读大学与自己一生的生活道路才是有密切关系的。必须争取在大学里出人头地。这一席话使我茅塞顿开。我经过衡量并与先慈多次研讨，决定读北大中文系。立即偏科，向此方向靠拢。我家当时住翠花胡同，距离北大红楼仅百米，与北大文科研究所斜对门，我就常去串门。北大校门随便进出，随便旁听。后来，我就听过梁思成、戴望舒等先生的讲座。新中国成立后北京图书馆不断组织讲座，有可能我就去听。

我的另一位长辈亲戚，我称之为"四舅老爷"的，见我爱读书，并且想读经典名著，苦于借不到，就说，可到国立北平图书馆去阅览。那里允许中学生入内。我请他带我去了一次，从此就自己去了。感觉真是个读书的好地方。为了解图书馆，赶紧在书摊上买了一本已经读过的洪焕椿先生的《怎样利用图书馆》。此书对我了解并学会初步使用大型图书馆，特别是在使用卡片目录与工具书方面，当时极有帮助。

北平图书馆，也就是现在的国家图书馆文津街分馆二层大阅览室，新中国成立前永远坐不满。登记领座位牌，交借书单后，自有馆员送书到座。作为中学生的我，不免受宠若惊。我发现一位三十多岁头已半秃的矮胖先生，每日必到，馆员特为他留有固定座位，将他头天留下或指定第二天要看的书立即交出,节省时间不少。于是跟着学。他中午到馆里的可外卖的食堂买几个烧饼,到入门一层内往西一拐就到的不到二十平米的小小休息室,用特供的纸杯(当时似乎只有这里与协和医院供应)喝大桶里一拧就流的白开水。还有当日报纸可看。我也跟着学。新中国成立后,我在南开大学见到他,方知是新聘的副教授戴蕃豫先生,人称"戴百科""活动书柜"。我听过他一次他的"塔"的讲座,闻所未闻,丰富之极。他后来成为我的老师周绍良先生的妹夫。

《学习心理之话》对我的影响也很大,主要有:"好记性不如秃笔头",要勤作笔记,写日记。"要吕洞宾点金的指头",就是,要跟真正明白的名师学,亲近老师,学他的治学方法、经验,但不可复制他。自己多多独立思考。"业精于勤",不论惨到何种境遇,也要尽可能抓住业务不放。"学问犹如金字塔",要兴趣广泛,打好宽广基础。

最后,新中国成立后我学习毛主席著作,自觉极为重要的一句是:

"要自学,靠自己学!"

2010年4月13日,急就章,于紫霄园

我的马氏书情结

1945年抗战胜利，我正读中学，先母即主张我将来要入北大，读文科的中文或历史系。为此，用"孟母择邻"之法，从北城板厂胡同移家东城翠花胡同，目的是靠近北大。我家与北大文科研究所斜对门，我常进去玩儿。先母结识了北大历史系20世纪30年代的毕业生、专攻太平天国史的谢兴尧先生。谢先生字五知，自号"老长毛"。他是四川人，新中国成立后任人民日报图书馆馆长，于今尚在，已近百岁。谢先生常来文科研究所，访问他的老乡于石生先生。于先生在所内负责整理明清档案。于是我们母子也结识了于先生。这老二位不厌弃我，常予指导，有时还来我家中闲谈，所谈多为学术。我获益匪浅。

于先生那时正看马氏书，系胡适之校长特批。据说，教员系统中谁看马氏书全得特批，但这只是履行手续，不会不批的。学生要看，大约得是做论文与之挂钩才行，于先生说不清楚。可是，无论是教职员还是学生，申请读马氏书者寥寥。当时只有于先生一位。

谢先生旁听过马隅卿先生的课，他对"五马"均有深刻认识，写过文章介绍。他和于先生把马氏和马氏书的情况给我讲得相当清楚，其内容与现在大家知道的差不多，不赘述。

我在1950年入北大，入学前对学校门径已经略知一二。于先生那时把马氏书已经看过近一半了。我综合他说的和从别处听到的，以及我亲眼看到的，把当时所知的马氏书情况略述如下：

马氏书在1937年春季开学时进馆，安置在善本室。从伪北大到新中国成立后，管理善本室的一直是王锡英先生一人。王先生入馆甚早。我后来看过老北大工资册，毛主席入馆时月薪8元，他已经挣28元了。有人说毛主席等八个小职员同睡一铺炕，一起翻身，其中就有他。我以为此说不确。按当时北京的生活水平，28元足以赡养几口之家，他用不着和别人挤着去。

据于先生说，当时的善本室内并不严格按号上架，王先生把许多书随意插架，北大的老善本有个简目，但李氏书正在编目，马氏书也只有马氏自编的简目，李氏书和马氏书都没有列入老善本书目，外人想查没法查，想看见不着。北大的人经批准，要看马氏书，王先生一本一本地换着给你看就是了。就在善本室内看。库里常常只有王先生与于先生两位，安静得很。王先生轻言寡语，和别人谈不起来。

"三五反"运动时，我听见对库里不按号上架有两种说法。一种说法是，老职员为了保住饭碗，故意把库里搞乱，使别人无法插手。另一种说法是，敌伪时期怕日本人按图索骥，解放战争后期又怕蒋政府运走，所以，马氏书"没有"目录，乱放；李氏书编目故意放慢。其中可能有地下党的高人在起作用。我想，这两种说法结合起来，可能道出其中真谛。我听说，王先生的子女中有几位地下党。我还知道，新中国成立后毛主席派汽车来接王先生，请王先生去叙旧，可他就是不去。我为此亲口问过王先生，他只是说："那时候想不到，那时候想不到！"不明其中真意。再也问不出别的了。

"三五反"运动中，大约因为我为人和气，说话不发怵，但又不善于斗争，所以常派我出去做一般性的外调工作。一次，派我去正在筹备中的中国科学院，找吴晓铃先生外调。他那时任郭沫若院长的秘书，筹备处在今国家图书馆老馆西侧的"静生生物调查所"内。吴先生眉飞色舞地对我大谈马氏书，说他在毕业前作论文，经文学院院长胡适之先生特批，入库把马氏书看了一个过儿，并手抄马氏书原目录。至今，马氏书目录存世者，除原本外，他的手抄本是唯一的副本矣，云云。我听后佩服得五体投地，羡慕得不得了，心想此生如能有看几本马氏书的机会，也就不枉了。

回来和于、谢两先生一核计，他们说，吴先生能抄出一个马氏书目录副本，很不容易，足证是个有心人。但他说把马氏书通看过一遍，就是走马观花，也不可能。马氏书1937年2月进馆，8月日寇就进占老北大。吴先生看书的时间也就半年。即使天天不干别的，8小时泡在善本室，也看不完。于先生看了三四年，才看了一半左右呢！以后我又见到吴先生，把这话一说，吴先生马上改口说，看的是全部小说。并且说，那才是马氏书的精华呢！并故作神秘状，说，跟你们小孩子"不可说"（后来我知道"不可说"是梵文 an_abhilqpya的意译，但一般人都用它的世俗化引申义，吴先生此处正用引申义）。

"佛云'不可说'；子曰'如之何'。"吴先生越是说

"不可说"，我就越想探讨那"如之何"。几乎形成一种"马氏书情结"。但是，几十年中，由于社会上大环境的原因，始终没有看到。改革开放后，由于工作需要，倒是陆续看了一些，大体上都是在北大善本部看的，而且看的多半是朱传誉先生那一套影印本。马氏书目录，却是这一次办展览时透过玻璃橱窗才得一见，未能翻阅。因为早已通过孙子书（楷第）先生编著的小说目录基本上了解了马氏书的大致情况，所以对马氏书目录也就不觉新奇，甚至对之有点兴致索然了。孙先生的两部小说目录，在其1953年再版时，我和沈玉成学长代为校对过，所以有点熟悉了。其实，要深入探究马氏书，我想还是得首先对马氏书目录进行研究。我那种不求甚解的态度是错误的。

我总是在想，马隅卿先生是聪明人。马氏不登大雅之堂文库的建设，是时代的赐予，更是他目光独到，抓住时代机遇的结果。五四新文化运动前后，梁启超先生提倡注意"小说与群治之关系"；鲁迅先生更在北大首开"中国小说史"，开一代风气。马先生弟兄和鲁迅先生是朋友，受到影响，开始懂得研究与收藏小说戏曲书籍的重要性。那时的传统藏书家，还都是讲求百宋千元、经史子集，极少往小说戏曲领域涉猎。北京琉璃厂等地的书铺，这些书挺多的，开价不高。藏书家常有在某一范围内竭泽而渔的心理，以马氏的财力，与传统藏书家如辛亥以来活跃在北京的江安傅氏、武进陶氏等都没法比。因而马氏自辟蹊径。今日看来，这条道马氏算走对了。

我总是想，马氏书的重点在小说，说明马氏受鲁迅的潜在影响颇深。周氏兄弟与马氏兄弟的戏曲爱好同样有限呐。另一方面，吴瞿庵（梅）先生先在北大，后在中央大学（今南京大学）授课，提倡戏曲不遗余力，还自刻戏曲集。就是在北京，马氏也抵不上王君九（季烈）。所以，马氏虽然收戏曲书籍，究竟不如收小说之宽泛。马氏可说将中国汉文古代小说搜集基本齐备。马氏书基本上纳入北大图书馆，形成馆藏一大特色。至今，论戏曲，国家图书馆馆藏远远超过世界上其他各馆，仅就"远山堂"和连本大戏而言，就把大伙儿全给镇了。首都图书馆和天津市图书馆收藏的民国以来至新中国成立前的小说戏曲极多，而今大部分也是可遇而不可求的宝贝啦！北大馆善本部的特色（特色不一定等于优点），我看有五：

一是马氏书，特别是其中的小说。

二是李氏书，其中的"和刻"善本（也包括方氏碧琳琅馆原藏）和一部分宋元明清善本挺好，但总体上抵不过国家图书馆。当然，"和刻本"能在中国各馆中称雄，比起本主儿日本就算不上什么了。

三是"艺风堂""柳风堂"等拓片。虽于新中国成立后又有大量入藏，总体上自然也抵不过国家图书馆。倒是咱们的编目颇有特色，也编得差不多了。这一点干得比国家图书馆早而又好。

四是燕京大学图书馆原藏善本，以个别优秀取胜。可是，中法大学图书馆的书，早就编好目的，只因给的是另一种号，就总是少见入列，造成资源闲置。当然，现在看，其中的难得的好书，恐怕是外文书，特别是法文、拉丁文的旧书。我是外行，姑妄言之。

五是各种文字的书籍杂志和"新善本"，有许多散在各院系，未经统一整理，有多少好家底还不知道呐。例如，新中国成立前陈寅恪先生"卖书取暖"，胡适之校长派季希逋先生拉回来的外文书，放在东语系；新中国成立后吴春晗先生参加开国政协的全套文件，捐给北大历史系了。现在都可称宝贝。我从来建议全校统一编目，至少得联网，资源共享。

话说远了，拉回来说。马氏书中的小说可谓洋洋大观，泥沙俱下。当初大约是一求全备，二感新奇，收了许多黄色书。这些书在明清多为禁书，可在民国年间书肆中流通者不少，甚至有琉璃厂书铺等翻印者。那时得之不难。新中国成立后，特别是"文革"后，可就不容易了。这些书又形成马氏书小说中一大特色，据我看，别的馆都不如北大馆收得全。善于利用，化腐朽为神奇，可就在于北大馆诸公矣。

　　拙见以为，这类书的艺术性颇差，比起古代南亚次大陆的《爱经》之类著作，相差甚远。因而，其社会学研究意义大于文学研究意义。而且，就说从明代以下吧，此种书的情节陈陈相因，沿袭而缺乏新意。比如，著名的《金瓶梅》虽号称"奇书"，其中的色情描写大多可从以前的黄色书中找到来龙，再往以后的书籍中看，还有去脉。后来，如新中国成立前北京天桥的拉洋片的，偷偷地将这些书或拆散，或略加修改成现代场景，分成无头无尾的几页一份的小册子，高价出售，乃是末流之末流矣。可是，中国城市中以中学男生为代表的群体，那时候却是靠这些"性教育"启蒙的。而且，多年"打黄"，"贩黄"却屡禁不止。这些现象，都需要我们从现在能找到的根子上挖，从诸多学术的角度去探讨。这种探讨，不但有学术性，也有强烈的现实性。对马氏书特别是其中黄色书的研究，恐怕是回避不了的。遗憾的是，这出连台本戏还没有正式开锣呢！

2003年12月5日，星期五，承泽园

惭愧呀，我的"书缘"

　　董宁文老哥派我写一小段有关"我的书缘"的文字。我和董老哥虽然至今缘悭一面，可是，通过过去观摩过我的课的徐雁同志的介绍，却是"早闻一箭取辽城"矣。董老哥派下这件差使，咱是一则以喜一则以惧。喜的是，老哥居然点兵点到我，真有点起用好兵帅克以挽救奥匈帝国的危亡的意思啦！惧的是，怕把这出戏给演砸了，老哥岂不成了卢卡施中尉了吗！

　　我为什么怕上演？主要是自忖"书缘"一道，道行太浅。我一向介绍自己，都说"北京大学信息管理系退休人员"，这顶帽子扣下来不松不紧。要说干这一行的都有"书缘"，只可说虽没吃过猪肉，也算见过猪跑就是了。

　　先母根据我理科悟性差（不等于文科就好）、外语不灵与身体欠壮实等情况，努力培养我学文科中的中文或历史，实际上就是让我学习中国古典文献。您认为，学这种行当，主要靠不断钻研，而且有书就能研究，还是越老程度越高。不像学理工科的（数学和理论物理等除外），老了，再脱离实验室或工程设备，也就逐渐落后啦。这虽是一面之词，也有一定的道理。我至今深信不疑。

且说，我从初中二三年级开始，信从母亲的"道尔顿式教育法"，立志读北大中文系或历史系。我母亲移家沙滩北大之旁，还时常带我到红楼、灰楼访友，鼓励我隔三差五地旁听北大的课程与讲座，并大量阅读文科与理科科普课外书。我在整个中学期间，乱七八糟地浏览与个别按爱好精读，看的书可是不少。早期，即初中一二年级时期，沦陷区的进步书刊极少。我把家里的《西游记》《三国演义》《红楼梦》《水浒》《聊斋志异》《封神演义》和它们的一些续书、同类书都看得烂熟，至今，其中大量情节记忆犹新。这就往外转了，北京后门桥旁边有个租书铺，快看快换书能省钱。下学后我就去那里租书，一租五本，两三天内看完。这样两三年下来，培养起我快速阅读的能力与爱读书的习惯。我几乎把那间书铺所有的书（不包括小人书）全看完了，包括大量的武侠小说、神探小说、言情小说。甚至连《留东外史》《海外缤纷录》

之类，以及铺子后柜的黄色小说也看了不少。现在的体会是，一方面，敌伪的思想统制暗中进行，进步书刊市面上几乎找不到。例如，老舍、冰心、巴金二战前的著作，当时尚可读到买到（听说在东北即伪满洲国地区也不容易），二战时非沦陷区作家的作品，比如张恨水的《大江东去》，那都得胜利后才能看到。所以，亡国奴的阅读范围是有限的，是暗中受管制的。另一方面则是，各种各样的书全看，看多了，定会产生免疫力，懂得什么是坏，就不至于跟着学坏。我虽然看了许多坏书，自觉尚未学坏，就是明证。不让青少年接触坏书，老在温室中培育，我看并非良策。

抗战胜利，实为惨胜。接收沦陷区的国民党"五子登科"，老百姓哀鸿遍野。北京天安门前千步廊内许多人摆摊，卖各种东西。一天，我去逛逛，见一穷困潦倒的黄瘦知识分子在那里卖书。有一部顾颉刚、徐文珊两位先生标点分段的"白文本"《史记》，三大册。我想买，那位如遇知音，竭力推荐，还询问我的学习情况，对我大加鼓励。这部书是我买的第一部业务书，保留至今，还时常用来学习。我觉得，优秀的标点白文本，阅读起来文气顺当，特别是司马迁的好文章，真如飞流直下三千尺，宜于欣赏性的阅读。当然，读者得有一定的功底。不过，也不必达到句句都通，能凑合着顺下来就行。我十岁左右读《聊斋志异》，即采用此种方法。好书不厌百回读，不懂的地方以后接着学就是。

我终究上了北大，读中文系；几经周折，后来在北大图书馆学系工作。老先生告诫我，瓜田李下切须防备，具体到书，有许多不成文的清规戒律。例如，不可买卖与收藏1840年以前出版的图籍与稿本；近现代的上了"善本下限"的，个人也不能存留。再如，借图书馆的书籍，一定按时归还。绝不允许把图书馆的书代借给别人。有影印本的，尽量少动善本原件。个人少量买卖自己的书尚可，决不许做书商。老前辈还举出许多他们的前辈和同辈人"栽跟头"的事例，教育我等，至今记忆犹新。同时又说了："严禁外传！"

我年轻时，也属于费孝通先生所说的"逛东安市场能拖回一批批旧书"的学子，不过，限于财力，只可是"一本一本地买"，而且太贵的也买不起；中年时，也在中国书店内溜达过。终因囊中羞涩，胆量不大，只可买点便宜的小书。例如，郭伯恭先生的《〈四库全书〉纂修考》《宋四大书考》《永乐大典考》等几本书，就是这样陆续从书摊上采购来的。及至改革开放十几年后，有点专款了，腰包有点鼓了，这才慢慢地将需要的业务书配齐。但是，谨守师传，舍下所有，都是1840年以后出版的书。环顾书房四壁，我干活需要的图籍，基本上有了。不上图书馆，也能凑合着在家里完成任务。我也老了，七十六岁了。过于繁杂的、需要大批特殊参考资料的工作，只能谢绝！我的书缘，怕是要请这些好不容易聚集来的书奉陪我到底啦！我总觉得，若是一个中年人，利用我六十年来集中的这批专业性颇强的书刊，正值精力旺盛、脑筋灵活之时，定能赶出比我多得多的活计来。

我想，董宁文先生想的定是我能说出些内幕新闻，文人轶事。我肯定让他和读者失望了。六十年来，买书的经历不能算不久，只是磨练得麻木了。买书与卖书，已经形成一种理智的思考和交易过程，犹如"饥来吃饭困来眠"一般。难道这就是书缘么？"悟得传灯第一禅"！

我买的第一部经典著作——《史记》

 1945年抗战惨胜之后，北京一片杂乱景象。当时的天安门前，金水桥南，有两座东西相对的各开三座门的建筑，其间南北大道称为"中华路"，东接东长安街，西接西长安街。再往南，沿中心御路，东西相对，两侧对称建有连檐通脊朝房各144间，俗称"千步廊"。再往南，有座门，原称"大明门"，清代转成"大清门"，民国再转成"中华门"。此门与前门之间有一大片空地，叫作"棋盘街"。当时，这一带似乎缺乏正规管理，许多人随便铺张席子就摆摊。卖什么的都有。一片衰败景象。书摊相当多。琉璃厂、隆福寺的旧书店也派伙计在此处设摊，无业落魄知识分子也在这里摆摊卖自己的书。什么书都有，值钱的书没有。我当时读初中三年级，自惭形秽，旧书店不敢进去。下课后常来这里逛逛，但因没钱，望梅止渴罢了。

一日，我见一位像是中年失业知识分子模样的寒酸男士在摆摊，书不多。其中有大十六开三大本一部的《史记》。书名是用篆字写的，我不认识。好奇，拿起一翻，才知是《史记》。摊主见我有赏识此书之意，马上讲起《史记》作为经典著作之伟大。我看他太惨了，八成等米下锅呢。我正好带着点钱，就买下了。时维1946年3月25日，农历二月十八日，星期四。价洋法币二千元，当时尚可使用华北伪"联币"，我用的是"联币"一万元。

回家细看，此书书名，按封面即封一所示，实为《史记——白文之部》，署"顾颉刚、徐文珊点校"，"国立北平研究院出版"。版权页则署"点校史记白文"，"民国二十五年出版"，"定价二元五角"。这是平装本的价，我后来见过蓝色硬壳封皮的精装本，不知价格如何。

我有点读家中旧藏《聊斋志异》《谐铎》《淞隐漫录》等笔记和《纲鉴易知录》的底子，当时能凑合着囫囵吞枣看文言书籍。把《史记——白文之部》请回家之后，马上读起来。我立即被太史公的文采所吸引，觉得他的行文如长江大河，曲折弯绕而又有一泻千里之势。慢慢觉得，后来的文言文作者都不如他，也都在他的文风笼罩之下。这部书，对我此后学文科起了指示灯一样的决定性作用。

后来，我读大学文科，学习的中国古典文献逐渐多起来，各种版本也看了一些。慢慢地体会到《史记——白文之部》的优点颇多。

一点是，读文章，应求文气贯通。读带注的，有如马路上加有许多防车速过快的缓冲带，又像吃下不容易消化的食物，胃里硌硌生生，甚至会妨碍对文义的理解，反而不如白文。后来我读屈原《离骚》，看《楚辞补注》，得在旁边放一部文征明手抄的《离骚》（后人用作字帖的影印本），才觉得理解和欣赏起来酣畅得多。但是，光光的无标点的，对我来说，终是不如加标点的理解起来快。加标点的，分段对文气的影响又是颇大。这里面很显功夫。例如，《史记——白文之部·太史公自序》中，写完了司马谈"论六家要旨"，立即另起一段，只标两句，中间还空一格：

太史公既掌天官，不治民。　　有子曰迁。

往下标点另起一段，以"迁生龙门"打头。文意跌宕起伏，气势全出。《史记》这样的雄深雅健之文，必得沉浸其中，才可得此妙解。

另一点是，此书变化使用古人于书眉上作标识的方法，加以革新。如"序一"中所说的："列小标题：或依年月，或依世系，或依事实，或依文义，利寻检也；其《十表》之有年可别者，并注以公元，朱墨相间，免淆乱也。"极便于初学。

新中国成立后，古籍研究与出版界的成绩巨大，较之新中国成立前，不可同日而语。但是，为普及即为初学作的标点作品，达到《史记——白文之部》水平的，似乎不多。这就更让我珍惜此书，时时取出来温习。

对我产生巨大影响的四种书

苏州图书馆的诸位先进,通过观摩过我的课的老朋友徐雁教授约稿,并赏脸屡次赐寄馆刊,催促提供一篇拙作,以供彻底批判之用。其实,我是"马戏团淘汰的老狗熊,玩不出什么新花样了"。如实汇报,又承指示,命题作文如上。无计奈何,只可一句一句写下来吧。

一

且说,我的幼年在连云港港口一座小山包上度过,距离任何小学都很远。连个小伙伴全找不着。家里只好花大钱,请了一位启蒙老师倪梓铨先生,从1934年开始单独教我,平均每周五六次,一次半天。她是师范学校(中专)毕业,当时不到二十岁,毫无教学实践经验。她用商务印书馆的"复兴小学教科书"的一年级国语、算术课本为教材。我赋性愚鲁，算术怎么也学不会，小九九都背不下来。她只好主要教国语。我倒是爱认字。于是，她就让我突击识字，同时大量阅读课外书，巩固识字成果。这一招有点类似解放初推行的"祁建华速成识字法"。她让我家给我买了一套上海出版的《故事一百本》，每本大约两三万字，都是摘编，如"生辰纲""大闹天宫"等即是。我就稀里糊涂地看。后来又指定买来必读的"励志书"《苦儿努力记》。大约两年多以后，我已经不满足于看摘编，于是，自学，一方面，从《三国演义》开始，慢慢地能凑合看浅近文言作品，直到更是连蒙带唬看《聊斋志异》；另一方面，看《希腊的神与英雄》等翻译作品。同时，看起报纸、杂志来，订阅《小朋友》杂志，看我祖父订阅的《大公报》《东方杂志》。我至今以为，在脑子里让古今中外的乱跑野马踩了一大阵，对我的一生起了决定性的良好影响。我养成了爱读书而且见书就想看的习惯。缺点是，外语和理科底子太差，不是不想看，是看不懂。但是，非常爱看科普读物。例如，翻译过来的前苏联科普作家伊林的名作《书的故事》《不夜天》，中国名家贾祖璋先生的《鸟与文学》，都是我百读不厌的。但是，这样稀里糊涂地

"泛读"，需要有大量供应的"书库"。到抗战胜利前后，我的初中阶段，我已初步小结出到哪儿去找书看了。一是找同学借，效果差。二是在学校图书馆借，主要借科普著作和商务印书馆的"林译小说"等。校方从借阅册上查不出毛病来，不会影响期终品行评语。三是沟通了北京地安门桥头（俗称"后门桥"）的一个半新不旧的租书铺子，那里出租的书以公案、武侠、剑侠、侦探、通俗言情为主。

"小人儿书"忒多。许多小学生坐在铺子里的小板凳上翻看，不带走，租价极廉。我早已跃过看图识字阶段，自然不跟小朋友挤在一起，而是租回家看。租金按天算。我一次借三本，第二天就看完去换，老板特别照顾，比照在铺子里坐板凳看书的价格收钱。用不到三年时间，把那间书铺里的书可说整个儿看过。我养成了快速阅读的能力，半日可以看四五百页，有些故事情节还记得住。为赶着看，躺在床上也看，到中学毕业前左右眼就对不上了，左眼外斜视兼弱视。寄语青年朋友，切勿蹈此覆辙。

书铺老板看我颇有信用，最后，把压箱子底儿的黄色书也都偷偷拿出来了。那些，有的简直不能算书，是十几二十页无头无尾的"摘录""节选"的黄色"段子"。老北京天桥拉洋片的也偷偷带卖这种"选本"，外带黄色相片。我以为许多中学男生的启蒙性知识是从此而来。后来，我在北大工作时，有时受北大出版社委托，审查"黄色书"，如《金瓶梅》等，供出版时参考。我的建议是：一律放行，采取影印方式，限额编号内部发行。但应大大提高售价，愿者上钩。记得八十年代初，北大出版社影印北大馆馆藏崇祯本《金瓶梅》，每部售价六百元，不折不扣。当时，"万元户"一词刚刚出现，我的月工资不过百元上下。出版社念我立功，想卖给我一部。我敬谢不敏。实际上，我看多了，形成一种不知是否正确的看法，就是：当时我所见这类明清人小说中的性描写陈陈相因，互相转抄，只不过把人物、场景换换罢了。而且，颇不尊重女性。这一点，比起某些外国，例如南亚次大陆的文学作品之求爱描写之细腻与尊重女性，真有上下床之别。比起《素女经》《大乐赋》等中国古人的描述，也差远了。但是，中国的性描写，总的说有一点可取，即认为女性是有性欲的，淫荡的女人性欲还颇高。欧洲的某些老派学者则认为女性无性欲可言（请参看蔼理士著、潘光旦先生译本《性心理学》），实在缺乏常识或实践。

我还有点认识：那些低级庸俗的黄色书看多了，不一定学坏，倒觉得有如《楞严经》卷八中名言"味同嚼蜡"。

我自觉并未变坏，今年八十，从不二色。我的绝大多数中学大学同学均如是。我以为，这与当时的半封建社会大环境与老北京的风气有关。坏书看多了，倒像经常打霍乱或感冒预防针。但是，我绝对赞成禁止此种书，以及禁绝黄色网站等。当代青少年中，没有经风雨见世面经验的极多，未必经得起此种诱惑也。

小结我到初中阶段为止的读书经验与教训，对比地看，感觉我们的时代真真是飞速进步了。表现为：专为少儿、青少年量身定制的读物比比皆是。特别是自然科学、社会科学的科普读物的质与量飞快上升。读书指导性质的书刊也不断涌现。特别是各个省市级图书馆极为重视，大力提倡，出刊物，办讲座，如风起云涌。当代的后生算是赶上好时代了。

二

本文题目是"对我产生巨大影响的四种书"。实际上，应该是"三种半书"。有一种书，当时我只看了一半。以下，按年代顺序，慢慢汇报。

我在1946年进入北平育英中学高中。当时两位老师的指拨，对我产生了终生影响。一位是多面手王蔚然老师，他在教务处工作，常为学校处理公文。当历史、地理、国文老师缺人时，就来代理。我觉得，他比某些正式讲那几门课的老师讲的好。我总认为他屈才了。他来代课时，劈头就提问："上高中与上初中有何不同？"然后，慢慢解释：上高中，实际是为上大学作准备。大学有文理法工农医六类学院（国民党政府规定）。各个学院又分科分系。不必企求在中学各科全面发展，只需将考大学的敲门砖大致磨好就成。应即刻考虑将来入哪种系科，甚至上哪个大学的何种系科。在课余要多读与那种系科相关的书籍，往想上的大学多探探道去。读大学与自己一生的生活道路才是有密切关系的。必须争取在大学里出人头地。这一席话使我茅塞顿开。我经过衡量并与先慈多次研讨，决定读北大中文系。立即偏科，向此方向靠拢。我家当时住翠花胡同，距离北大红楼仅百米，与北大文科研究所斜对门，我就常去串门。北大校门随便进出，随便旁听。后来，我就听过梁思成、戴望舒等先生的讲座。梁先生的讲座讲了一学期，约有十来次。临近结束时，梁先生说，咱们总得考试一次吧，过过形式，只要交卷，一律及格。不料，堂上一片肃静。一会儿才有人报告，说是旁听的。

再询问:"谁是选课的,请举手。"无人举手。梁先生恍然大悟:都是旁听的。系里的正规课程,我旁听过俞平伯先生几节分析宋词(主要是"清真词")的课,觉得还是看后来出版的《清真词释》言简意赅。从此,逐渐养成不爱听正课却总想坐在老师的客厅里听"神哨"的恶习,至今如此。希望青年人以我为反面教员,切勿蹈此覆辙。还是好好上课罢。

我考高中时的国文试卷颇获育英中学国文科一把手刘曜昕老师赏识,放出话来,说要单独召见(刘老师教高二、高三,一年后才教我)。吓得我屁滚尿流,赶紧连续造府几次,每次畅谈一个多小时。刘老师觉得我读书过于驳杂,而且品位不高,指导我赶紧去读朱孟实(光潜)先生的《文艺心理学》。立即遵照执行。此书我多年来阅读数十次,脑子里一直模糊一片,什么也没记住。此后,朱先生的主要著作我几乎全读过,有的可说是由深入浅地倒着读,如读《谈美》《给青年的十二封信》,均在读《文艺心理学》之后。约在三年后,再读后来出版的《诗论》。效果均不理想。但是,自觉阅读品味大大提高,并且朝着欧美经典名作和中国古典文献转向。我自觉不是学理论的料,从此也就不再打深入学习任何理论的主意了。无论如何,《文艺心理学》可说是影响我一生的头一种书。它起了潜移默化的作用。

三

北京是文化古都,文化名人聚集之地,学生也随着"开风气"的各种潮流走。20世纪二三十年代的一种潮流是,当时,愿意学习中国古代文献的青年人找入门指南,常常阅览梁任公(启超)、胡适之两位大师开的国学入门书单子,还有一位王浣溪女史兼包古今的《中国文学精要书目》。另一种潮流则是顾颉刚、钱玄同等位大师的"疑古"学风。我受此影响,开始怀疑:各位大师学通中外,工作繁忙,自己是否看过书单子中所有的书,抑或只是翻翻罢了。这时,一位刚从中国大学(现在的教育部即在其旧址)国文系毕业的长辈(我称之为"二舅老爷")教导说,其实,这些书单子的古代部分大体上源自张之洞的《书目答问》,张之洞在四川任职时所编。他未必亲自动手,此书据说是出于时任他的幕僚的版本目录学大师缪荃孙之手。

1946年7月19日,暑假中,我到西单商场内书摊闲遛,以400元（估计相当于现在20元）买来一本旧书：1936年再版的君中书社铅印本《书目答问》。这个版本稀见。优点是附录材料较多，铅字字体主从大小分明。编者"乐亭李时"字君中，据此书所载李氏序文和广告等透露的消息，李先生著有《国学问题五百》《国学丛谈》《君中书牍》（用骈文写成）《国学书目三种》《国学常识与技能》《君中应用文》（分为尺牍、公文、应世杂文三部分）《活页国文》（后装订成十六册）《四库全书叙》（即全部"小序"）等，均由"君中书社"出版。西单商场大火以前，此社位于西单商场之内。估计，李时先生是20世纪二三十年代半新半旧的一位学者。他这些著作挺适合那时的北方高中、大学应用的。南方地区可能就销不动啦！抗战胜利后别是一番天地，他这一套更无人过问了。

且说，《书目答问》是我阅读的第一部目录学导读书籍。此书伴我一生，至今时常拿出来翻看。我后来又有好几种版本的《书目答问》，包括著名的英年早逝的范希曾先辈名作《书目答问补正》，但在日常使用中，总是先抄起李氏此书来看。它挺好使的，它是引导我入门的老朋友啦。

四

我的另一位长辈亲戚，我称之为"四舅老爷"（二舅老爷的叔伯哥哥）的，见我爱读书，并且想读经典名著，苦于借不到，就说，可到国立北平图书馆去阅览。那里允许中学生入内。我请他带我去了一次，从此就自己去了。感觉真是个读书的好地方。为了解图书馆，赶紧在书摊上买了一本洪焕椿先生的《怎样利用图书馆》。此书对我了解并学会初步使用大型图书馆颇有帮助。我对它极有感激之情。

新中国成立后，我如愿进入北大中文系。二年制"图书馆学专修科"附属于中文系。我爱四处看看，有时溜达去旁听几堂课。王重民先生是专修科负责人，名重一时。我去旁听开讲"《汉书艺文志》"，印象是，王先生不会讲课。他讲起来不着边际，没有重点，泛滥无归。"文革"后期，因事常赴王先生府上请教，益发领会王先生学问之大。我体会到：专家未必会讲课。最好有问题当面请教。

1952年院系调整后，跨系旁听成为不可能。图书馆学专修科独立成系。我至今认为，老北大蔡校长真正开门办学的传统从此基本斩断，诚为一大损失。图书馆学教育也稀里糊涂地学习苏联，膨胀成独立王国，恐怕与王重民先生从西欧特别是美国稗贩的一套大相径庭。我总以为，图书馆学本身的学术与技能技巧，若具备大学学士的水平，再真正学起来，学一年就差不多。所以，美国许多大学开办的是一年制的图书馆从业人员的资格认定班，招来的基本上都是具有某种学士资格的人。北大办专修科，1947~1949年也以招收大学毕业生"回炉"为主。当时办的是二年制，满可以了。后来办系，由三年而四年，本系课程填不满。时至今日，似乎形成政治课、计算机系的专业课、英文外加其他一两种外文课、本系专业课四分天下的局面。新中国成立后，图书馆大发展，容纳了许多各处来的中学甚至小学水平人员，只可不断开设各类在职人员进修班。学员水平参差不齐，梦想借此提职称的人是有的。据我所知，美国失业情况司空见惯，有人纵然是博士、硕士，未必能找得着职业。图书馆馆员职业比较稳定，如果没辙，争取进入这一行当，未始不是求职之道。有回忆录性质的文章介绍说，燕京大学音乐系毕业的一位高才女史，在天津已经自己开班授徒多年，后来随夫赴美。美国像她这样水平的"家教"有的是，而且欺生，她的本行干不成，只好去大学里一年制的馆员专业进修班学习，最后以馆员终老。

话说回来，我在大学里学的不是图书馆学。专业里的事完全不懂。我的知识限于初读洪先生那本书的粗浅水平，此书也多年束之高阁。好在常去图书馆借书，对"分类""书号"总算有点认识而已。

大学毕业后，我被分配在北京市教育局系统内，编写课本与教学参考资料，并辅导刚入行的青年教师。机关的购书款颇多，无人采购。有一位姓吴的三十多岁的职员爱读书与逛琉璃厂书店，自愿业余采购。他有时也咨询咨询我。比如，有一年年底，公款花不完，书店店员建议他，买一套线装本《四部丛刊初编》。我知道看的人不会多，可是我想看，就撺掇买来，没有书套，散放在库里。吴先生大约从解放初就一直挨整，啧有烦言。鸣放之时，大吐怨气。我那时正在恋爱高潮接近结婚阶段，鸣放会上从不发言，得溜就溜，找爱人看电影去了。领导给轰得晕头晕脑，会上短少几个人也就懒得查了。

反右之后紧接着"整改"。我刚结婚，更加自由散漫。一个星期六下午接近下班时，一位中层领导忽然找我个别谈话，说我不积极。叫我马上提整改建议。贼起飞智，我建议把库里的书整理编目上架。这是敷衍他的。没想到,他马上说,下星期一写一份材料来。

我估计,整理几万册乱堆在一起的书,起码得十几个明白人干几个月的。现在是既没人又没懂行的指挥。于是,回家途中在新开的卖旧书的地安门小书铺转了一下,只买到一本1954年初版的《中国人民大学图书馆图书分类法》。回家闭门读此书和《怎样利用图书馆》。这是倒着往回读呢。也就是说,设想自己就是洪先生,遇见建立一个全新的图书馆的问题,应该办那些事。

我把事情想多些,想难些,估计领导会知难而退,我也就交差了。想出来的大致是:

找房子成立图书室。起码得一百平方米以上,划分成内外间,内间建大书库,外间为出纳借阅台。专业工作人员至少一人。要为书库打造专门的高大书架,两面放书。要为线装书定制匣式蓝布书套。采购足够的目录柜。

即日起找人编目上架,约需集中十多人于一间大房子中,按现存待编目的书籍计,起码得干三四个月,骑牛半年,骑骆驼一年。找不到内行,也得大专文化水平的人才行,但需突击快速集训。

采购必需用品,如卡片、财产账著录簿、纸、笔、黑墨水、白墨、剪刀、胶水、胶条、标签、袋片等,属于日常的一大笔开销。

必须说明，这些，当时都是我在两晚上加一整天的时间内从洪先生那本书里"倒推"悟出来的。这是我首次认真阅读洪先生的著作。此后，再也没有动过它了。它成为我的纪念品啦！

上述这个报告，表面上看是实事求是的，但是，我估计是空中楼阁，上哪儿找房子、找人、找钱去。说说罢了。

不料，领导上反复研究，认为可以立即执行。房子腾出来了，十几个大学水平的刚划出的男女右派给派来了，钱，实报实销。任命我主管此事，还任命一位左派非党员当"指导员"。领导指示，那位是看着右派的，不参与业务上的事，也不管我。

我请求给三天假，放我回母校北大图书馆见习，即蒙批准。我在北大馆参观了文科开架书库，翻阅了新中国成立后出版的高校图书馆学教材，这才看到刘国钧先生和陈绍业、王凤翥两位老学长（二位是1947年建科首届"回炉"式最老最老的学长）所著《图书馆目录》（1957年第一版），如获至宝。回城后立即先到东安市场书摊上找，好不容易觅得一本散出的旧书，捧回家，结合在北大馆见习所得，没日没夜地边读边思索。

我立即付诸实践，变通作法是：

架号，即索书号，包括分类号，著者号，版本、稽核、附注等项，以及图书馆业务注记等，大体上按刘先生此书处理。变动最大的是分类。因为，要编目的书籍报刊，教育类的较多，其他文科书籍不少。理工农医等书不多，高精尖的如《堆累素数论》《工程控制论》（此书当时似尚未还译为中文）简直没有。教科书及其附属的参考资料不少。于是，决定不按常规，打破严格的经典性质的学科顺序，按照毛主席指示："看菜吃饭，量体裁衣，到什么山上唱什么歌。"另起炉灶。但只在大类上做文章。不使用当时盛行的在大类上突破十进制的做法。当然，首先突出政治，立"1"为"马列主义毛泽东思想"，"2"就得是"哲学"了。"3"则提升"教育"为大类，将教科书之类完全纳入，各学科的教科书系统作"互见片"。"0"号则将工具书、丛书图书馆学系统之类纳入，是为"总类"。理工农医等书统归"9"字号"科学"。"4～8"是怎么分的，我忘了。大约"4"是"政治"，"5"是"经济"。"6"是"历史"，"7"是"地理"，"8"是"文学"。分类号完全采用阿拉伯数字"四字编码"，其中"2～4"字完全照抄"人大分类法"。不过类号有升有降而已。这样，我就省事了。有问题还可往它身上推。能有什么问题呢？我考虑到，政治变动是经常的，要留后手。

图书分类，应该是科学的分类。可它往往为政治和国家组织所左右，更受历史上原有的分类法的制约（如"四部分类法"困扰我国新分类法至今），这一点在中国汉籍方面表现得十分清楚。新中国成立前数十年，我国所有的数十种依托国外分类法并略加改造的"新式"分类法，虽然各有偏重，但基本上均向着当时的"科学分类"靠拢。这就比美国早期的一些分类法将"海军"列为大类要强。新中国成立后，学习前苏联，政治挂帅，以马列主义毛泽东思想打头，也是必然的趋势。可见，严格遵守"科学分类"，未必办得到。我也就以此自慰啦。

著者项，我国向例采用规定的著者号码表和取四角号码两种方法之一著录。我想，我们领导派来的这些右派全是外行，用号码表挺生疏的，不如教他们取四角号码的简单方法，取四个数字，列在分类号四个数字之下，作为第二行。第三行是本书册数、复本、复本版次等著录。

北大图书馆屡经变化，进多出少，馆藏目录有新北大、老北大、燕大、中法、伪警官学校（抗战中占据老北大三院，胜利后经傅斯年先生全盘接收）等多种。经比较，我非常欣赏燕大用的裘开明先生的编目方法及他的《汉和图书分类法》，即写在卡片上时简称"裘号"者是也。燕大的片子上，各种著录齐全，版本、稽核、附注等项详细，排列清楚美观。读者看了，就可大致了解该书基本情况。所以，这一次我写卡片，基本上参考"裘号"的写法，略作简化。"文革"前后，我系有人忽然刮风，说要把馆里历史上形成的各种分类法的卡片统一排列。我和一些明白人坚决反对。再说，此事干起来又得抽出许多能干活儿的人成年累月干这种无用之功，出主意的人自己从来不会干的。于是，拖拉推，过些日子，出主意的人脑子里又转悠别的去了，此事作罢。

我把详细的工作流程上报，即获批准。立即练兵。我对那些位讲了好几天，并派那位吴先生把改编的《人大分类法》抄了两份，说明：抄到四位数为止。《四部丛刊初编》就给一个"0"号中的丛书号，其他的在第三行"册数""附注"中解决。他以为将来会让他当管理员，非常兴奋，昼夜兼程，很快抄完。我偷偷地称之为"白氏分类法"。

我采用流水作业法，将室内桌子排成几排。最前面由吴先生给书号，第二位是熟悉四角号码的由先生（由先

生现在美国）给著者号。多数人抄卡片。最不行的登财产
账（不找原始单据，哪天编号就算那天。此后新买的再据
实入账），贴标签。书法好的写书套上的字，等等。各司其
事。大家躲过无事可干低头写检查，情绪极高。"指导员"
光顾检查，不许交头接耳与怠工等。自己不学。好在他也
不乱出主意，且自由他吧。

　　略略步入正轨，领导上就抽出我来，另干编课本的
事。但一周来一次，半天，答疑。右派促狭，提问题考我。
好在我几年中常借书，《四部丛刊初编》的《书录》我在
大学读书时买了一册，翻得很熟。他们难不住。如一次问
我一本译自前苏联的小说是什么书，该入哪类，偏巧我看
过，立即说："译本，苏联的反特小说。""著者项按原作
者给号，著录则先原作者后译者。原作者著录时应附原文
姓名。"以后，他们就很少提问了。书到用时方恨少，我至
今不敢一日离书，特别经常浏览各种书目、书目提要。我
认为"曲不离口""枪不离手""学者以多见书为贵"，诚
哉斯言。

　　"纸上得来终觉浅，绝知此事要躬行！"通过这次实
践，我对于图书编目及整个图书馆工作有了认识。我的经
验与教训是：

盲目比附大型图书馆。如，同时制作三套卡片，即：公务目录片，分类目录片，著者目录片。每种书都制作了袋片。后来的实践证明，小型内部图书室，只有三五十个熟人，无人查片写借书条，都是直接登堂入室，自己找出，一抽袋片，扔下就走。有的连袋片都懒得抽取了。结果是，这一次主要成就了我的图书馆实践或说实习，对我以后入系工作大有裨益。可是，钱多花了不少，时间多花数倍不止。权当给我交学费吧。

且说，经过右派们的努力，三四个月就大功告成。不久，领导召开大会，宣布两件事：一为处理右派，分六类。极右是吴先生和另一位平先生，当场逮捕，送公安局所属茶淀农场劳动教养。二为包括其他右派、一部分中间分子与左派的群体，赴农业局所属南苑和义农场学习工农，改造思想。我的图书馆目录实习告一段落，到南苑栽稻子去了。这一批人中，只有"指导员"没去。听说，他在"文革"中申请返乡去了。这一批书，"文革"中拨给某学校了。

21世纪初，我又在两个领域提出过一些对分类法中个别学科给号的改进意见。一件是有关敦煌学的，包括以下几篇文章：

敦煌学原材料与研究书刊的图书馆编目问题/《中国典籍与文化》2000年第3期69~75页//《敦煌文献论集》64~74页【辽宁人民出版社2001年5月出版，2000年6月22日上午在"纪念敦煌藏经洞发现一百周年国际学术研讨会"上报告】

中国学术界对敦煌文献所作的图书馆编目与整理工作——中国敦煌学目录和目录工作的创立与发展/《文化的馈赠——汉学研究国际会议论文集·考古学卷》24~32页，2000年8月，北京大学出版社中国敦煌学目录和目录工作的创立与发展简述/《敦煌吐鲁番研究》第7卷（2004年3月）156~173页

这几篇的要点是：《中图法》中给敦煌学配置的号码不合理，分散。根子在敦煌学本来就不是一门能纳入系统科学的学术，现在它的领域还越来越扩展。而且，从登录和分类一开始，各家就自行其是，各搞一套，其中以财产账登录号登者多家。至今，多出一家就多一种自己的自己的分类处置方法，多数不跟着《中图法》走。我多次劝告他们：不管《中图法》有何缺点，终究是国家图书馆学界根本大法，必须想办法纳入的。我设想：一是，在

《中图法》框架内，历史与地理两大系统之间的部位，让出"丝绸之路与东西文化交流"一个专项大项，把敦煌、吐鲁番、其他石窟如云岗、龙门、大足等一概纳入。还可将中国与南亚次大陆、西亚北非、日本与朝鲜半岛、东南亚等的交流安置在内。二是，某些专业图书馆，如敦煌研究院图书馆，已有自编的十位大类"敦煌学书籍分类法"，而《中图法》的大类二十二类，还空出L/M/W/Y四位可以利用，何不赠与敦煌学一位，让它轻松套入。其余的非敦煌学的一般图书，用《中图法》甚至《小型法》就行啦。现在的问题是，我国在外国编目的学者，非正规图书馆学界出身者居多，各搞一套，可能越来越花样百出，必须劝止。终极的办法只能是寄希望于《中图法》迅速改编。并在"图书馆法"中规定，所有的专科类型的特殊的分类法，应一统在改订的《中图法》之下。

再一件事，则是我参与了在大陆改进台湾香光尼众佛学院制定的"佛教图书分类法"（简称《香光法》）的事。《香光法》本身经过数十年的改进使用，并有香光尼众佛学院通过出专书、办刊物、开训练班等，不遗余力地推广，已经普及到大陆寺院。可是，分类表中有些作法，是我们碍难同意的。举其大者，如藏传佛教与汉化佛教并列，云南上坐部佛教未列，都是绝对不行的。于是由我在大陆寺院中已经使用的情况下略加改进，实际上并未彻底解决问题。我们寄希望于正在修订中的新版《中图法》。必须说明的是：国家图书馆出版社2001年出版的《佛教图书分类法》署我的名字，实际上其主体即"分类表"部分，百分之九十八以上是《香光法》原文，我决不敢贪天功以为己力。我曾坚持必须以香光尼众佛学院名义打头，不果。后来只可在香光尼众佛学院的刊物上发文道歉而已。好在她们大度包容。我至今愧赧难名。

不过，大陆版此书中收入我几篇文章，对佛教图书馆等事，略有建议。我的办法仍然是，把佛教图书分出来，从L/M/W/Y四个字母中择一立项独立，别的书籍用《小型法》或《中图法》，看外典多少而定。各个大藏经一律入"丛书"，各给一号，省事多多。

我的有关佛教图书分类编目的建议，主要的见于：

汉文佛教图书的分类编目问题/《北大学报·社科版》2008年第1期142~145页（此系简本，删去附表）

总的说，我与图书馆、图书分类的关系及学习并实践过程，始自倒推式学习《怎样利用图书馆》。它是已陈刍狗，但功绩大大的，我虽然不再使用它，可永远珍藏。

<h1 style="text-align:center">五</h1>

我对哲学毫无兴趣，总认为哲学，特别是西方哲学和佛学太深奥，我明白不了。凡我认为明白不了的，就不往那里面花脑筋了。新中国成立前，在一位姓姜的同学家串门，见他书架上有一本《大众哲学》，取出一看，极为引人入胜。放不下了。但他不肯借给我，说是拿出去怕惹事。于是，我在那里看了一个傍晚加晚上，他家管晚饭。我意识到看不完，就"挑要紧的看"。此书分本体论、认识论、方法论三部分，我略去前两部分，专看方法论。它从此深刻影响了我看问题的方式方法。真是，一夕半薄册，胜读十年书。新中国成立后我学过一些马列主义著作，均不如这半本记忆深刻，并且立即尝试运用到生活、学习、工作中去。

我的大学同班挚友程毅中，是《苏州名门望族》（广陵书社2006年出版）一书中提到的人物，他对我了解深刻，老说："你的辩证法学得不错，唯物论不行。"我想，这就是赵普"半部《论语》治天下"吧。我再也没学习过那上半册《大众哲学》了。直到写这篇回忆，想想得找来看看。于是，到北大图书馆去借。借来的就是上次我看的同一版本，真有如对故人之感。那就是读书服务社本。北大所藏是1946年第九版，版权页注明初版于1936年。我原来看的是哪一版就无法穷究了。但其特点是直行小六号字体排印，这一点与我现在借来看的本子完全一致。限于目力，我也看不了啦。只可再去找一本新中国成立后新排大字印本来补学吧。此书就是我只看过半本而影响一生的书。

闲谈类书

2006年春夏之交，任又之（继愈）老师派我参与《中华大典·民俗典》的编纂事宜。职此，对类书开始逐步摸索，比此前之一无所知略有所知。后来，为配合"国家珍贵古籍特展"，作为国家图书馆的讲座之一，开了一次名为"浅谈类书——以特展中展出的类书为中心"的"讲座"。现在把讲稿略加补充，送到山东省图书馆来，若蒙《山东图书馆学刊》赏脸刊布，或可求得读者批评指正。

一

"类书"这种体裁是中国人，特别是汉族中掌握文化的知识阶层上层的发明。按《中国大百科全书·图书馆学》分册中"类书"条的解释是："摘录、汇辑多种文献中的原文，按内容性质分门别类地编排组织，以供寻检和征引的工具书。"我所据是《中国大百科全书》该卷的第一版，新版尚未见到。暂以之为据，乃是为了引起讨论。前引的一句，只是词条的"导语"或说"引语"，虽具有定义性质，但还不宜以正规的定义待之，因为它不太周全。下面会慢慢地道来。

我想了一阵，要是给类书的性质作简短的类似定义的说明，极不容易。因为类书是一种直到清代还在发展变化中的体裁。要想用一两句话概括它，可能顾此失彼。我想了一招，先分析它的几个大特点。下面，据此解析。

可以说，类书的头一个特点是：分门别类的以汉字写成的资料汇编。它辑录各门类或某一门类的资料，按一定的编排顺序编成，它本身具有某种系统性。后来发展到有些少数民族等也使用本民族文字编纂类书，那是历史发展的长江大河源中之流派。

另一特点是在主观编排下客观辑录原文（抄书），而不是重新写作。它征引、节录而不融化材料，或说极少显露出融化材料之痕迹。但是，宋元以下的民间类书，大多逐渐自由化，显露出自行组织使用材料的明显征象。

再一个特点是，在发展过程中，它分成总括包揽的

"百科"与专辑某种"专科"资料的两大类型,而且是先有包容万有的大型"百科"("百科"与"专科"均借用西方的术语)。发展中,从篇幅看,无论是"百科"还是"专科",又可粗略分成大中小等多种类型。

最后要说到它的编纂与使用目的:便于寻检与征引。

二

类书,始于魏文帝时的《皇览》(约220~222编成),刘劭、王象等人编纂。编辑主旨为"包括群言""区分义别""随类相从"。后来的大型综合性类书差不多都规抚它,特别是官修类书,几乎每个朝代都在踵事增华地新修,部头越来越大。这就导致前代此种类书的失传,包括《皇览》在内。我想,失传的主要原因有:一则,后面的同类的类书抄补前面的,前面的就没用啦;二则,当时靠手写笔抄,复本不会多。

类书,特别是大型百科型类书,一般采用的分类方式,或说其主导性的分类思想,是按"天地人三才"。这是从《皇览》沿袭下来的。有例外,但不多。

现存最早的类书片段,为敦煌遗书P.2526。存259行,

"鸟部"，83条：鹤46，鸿18，鹄15，雉4。1913年罗振玉首先指出，认为是《修文殿御览》，北齐阳休之（509~582）等人编，成书于572年。罗氏对此卷异常重视。1911年，先以石印本发表于《国学丛刊》第二册之"佚籍丛残"中；1913年，又以珂罗版影印于《鸣沙石室佚书》之内。1932年，洪业写成《所谓〈修文殿御览〉者》一文（今载于《洪业论学集》，1981年中华书局出版），中附原卷录文与注释。洪氏推论，认为是《修文殿御览》编纂时所据的《华林遍略》，徐勉（466~535）等人编，天监十五年至普通四年（516~523）编成。此事至今未有定论。我们倾向于洪氏的观点。

现存最早的可称全部完整的中国类书，可得首推梁天监十五年（516）释宝唱奉敕编纂的《经律异相》五十卷（外目录五卷，今融入），属于佛教专科型类书。此书的一大特点是：按佛教的世界观编排，是一部完全不按照"天地人"三才的中国传统编写的类书。这一点，在佛教类书中亦为特例。必须指出，中国正统的以儒家思想为主导编成的目录著作，常常无视或藐视自成体系的汉译佛教著作的存在。以"丛书"为例，一说起来，就是始于宋代宁宗嘉泰年间（1201~1204）俞鼎孙、俞经所辑的《儒学警悟》，那只是一部小丛书，收宋人著作六种。完全没有考虑到南北朝时期已有佛教大丛书《一切经》（后世称为"大藏经"）的存在。类书方面亦复如此，讲类书，数典，数全书具存，从下面所说的《北堂书钞》开始，无视《经律异相》的存在，亟应指出并予以纠正。

现存最早的可称"全部完整"的综合性类书，为隋末（大业年间，605～618）虞世南任秘书郎时在其后堂（北堂）所编。称为《北堂书钞》。今编为160卷。因有后人加工补缀痕迹，所以，我们在"全部完整"上加了引号。

历史上存在过的最大的"类书"，应推《永乐大典》。明成祖永乐六年（1408）编成。正文22877卷，目录60卷（今存目录的过录刊印本），装成11095册，估计全书约4亿字。此书按韵编排，以韵系字，在字下辑录相关文献，常常是从头至尾抄录原书。有的研究者如叶德辉等人认为，此种辑录方式，使此书既像类书，又像一套超大型丛书。这种意见有一定道理。不过现在还是把它归入类书的行列。这套大书现存大概到不了一千卷。影印出的有八百多卷。

朱棣读书不多，爱读的或说有时翻览的工具书是宋元之际流行的《韵府群玉》（阴时夫编纂）和《回溪史韵》

（钱讽编纂）之类按韵编纂的类书书籍。朱棣是好大喜功之人，他指示，按此法编纂，收书越多越好，字数越多越好。编纂中按韵字取字也是以意为之，谈不到什么规律性。结果蒸成一个八百斤的大寿桃。时移世易，却可供后代辑佚之用。特别是朱元璋、朱棣父子起自民间，对民间文艺颇有爱好，鼓励宗室藩府收藏戏曲唱本等，这也是一种传统的政治羁縻手法，防止造反的办法。《永乐大典》中突破正统的官修大型综合性类书的一贯编纂方法，不拘一格，收纳戏曲与白话类型小说等底本，实为创举，亟应为之表出，这也是此书的特点之一，并成为后人辑佚的亮点之一。

现存完整的最大的类书是《古今图书集成》，一万卷，图6264幅，表格452份。分六汇编，三十二典，6117（有标为6109）部。约一亿字。目录四十卷。

《古今图书集成》的初编者是陈梦雷（1640～1712），福建侯官人。清康熙九年进士。耿精忠叛变被絷，授伪职。据说与李光地有在耿处当内应传递消息的密约，但事平后李不予承认。于是，康熙二十一年，陈戍边到尚阳堡。康熙三十七年召还。教习西苑，侍奉诚亲王时编纂此书。雍正初，与家口再次遣发黑龙江。按，诚隐郡王允祉，康熙第三子。康熙四十八年封诚亲王。雍正六年，降郡王。八年二月，复封亲王。五月，夺爵，禁景山永安亭。十年薨，视郡王例殡葬。乾隆二年方追谥。蛛丝马迹中可见，陈梦雷是又一次卷入皇室斗争中，成为牺牲品。

雍正帝派蒋廷锡（1669，康熙八年～1732，雍正十年）主持，就此书基本定稿的稿本整理，雍正三年（1725）蒋上表告成，四年御制序。六年（1728）内府印铜活字本，印成64部及样本1部，每部5020册，半叶九行，行二十字。此书是世界上最大的铜活字版印刷书籍。此书中的插图基本上为木版，极为精美。皇帝下旨，将书中图集抽出特印二十余部。单独来看，堪称中国最大最精美的一部版画集。

光绪十四年（1888年，1884开始），上海"图书集成"印书局，扁体三号铅字，半叶十三行，行五十八字，讹误多。印1500部，部1620册（内目录8册）。这个版本，学者使用的甚少。

1890～1894（光绪二十年），总理各国事务衙门托上海同文书局石印描润铜活字版，附考证二十四卷。100部，又一部黄缎面的。每部5044册。50部运京，此外在上海客货栈失火烧毁。此版有剜改，改的主要是雍正后避讳。现在学者使用的也少。

1934年，上海中华书局影印铜活字版，原书九叶合一页，800册（含目录）；考证六叶合一叶，8册。共808册。

20世纪80年代，中华书局、巴蜀书社合作，据影印本重印。精装本，16开。80＋1（考证）＋1（索引）＝82册。索引属于新编。1985年始，台湾省出版商亦有影印。

《古今图书集成》的优点是：引书虽多为节引，一般来说，节引部分不删减（但亦不甚严谨）。插图精美。在现存完整的类书中部头最大，字数最多，规模宏大，征引繁富，结构严谨，分类详密。有按语注释。此书可说是中国古代类书的回光返照式的光辉殿军。它是资料宝库，奠定了近现代中国编纂百科全书之资料基础。

抽出单印单行的《古今图书集成·图集》，则堪称是中国最大最精美的一部木刻版画集。当时单印二十余部，单行。现存不多（故宫有整套）。1996年，北京图书馆出版社影印图集中一部分，上下两册。1999年，学苑出版社影印。2006年，齐鲁书社不但据《古今图书集成》原书照原样影印，另外还加印"图集"单行本。这两种是下真迹一等的本子。在不能应用原刊本——一般说来几乎不可能——的情况下，学者使用，应首选此本。

三

类书是中国人特别是汉族文化的创造成品，重点在编纂，在"抄书"，需一种文化以一种文字写成的书籍足以编纂时方可。只有中国人从古代积累下的数量巨大的汉文文献，才能提供得起类书捋扯的材料。试作一比较：

当中国编纂类书的风气消歇之时，日本人却要利用他们自己用汉文写下来的古籍，编纂他们自己的大类书《古事类苑》。此书录事截止至"明治维新"前一年（1867，庆应三年）。自1879（明治十二年）至1914（大正三年）编成，一千卷。此书明显规抚我国的《古今图书集成》而作，日本人又是争强好胜的，可惜他们自己的古籍资料（在"假名"出现前全用汉字）不足，只能编到这样的程度。可见，强大的汉文典籍后备是编制类书特别是大型类书的基础，有如金字塔，要根基广大才能显出本身高大。

四

一千六七百年以来，据不完备统计，我国编纂的类书约千余种。品种多种多样。按范围，可分为百科性质与专科性质两大类。其中的专科日用型类书插入编者自行撰集的语句、内容等等的痕迹比较明显。可以说，这样的类书已具有与西方"百科全书"纂辑方式类似的性质。如果照此发展下去，兴许我国从小型类书的编纂开始向西方的"百科全书"类型转变。走的可能是与西方反方向的道路。

以下，以与西方类型的"百科全书"发展对比的方式，看看各自的发展历程。

从类书与西方的"百科全书"比较看：

西方自希腊学者开始，采用按自己的理解，重新概要记述一切门类或某一门类全部知识，形成"百科全书"。其要点在重新编组，灵活运用所得知识。另一要点则与类书相似，即尽可能地综合全部知识。英文encyclopedia，源于希腊文，原意为"一切知识尽在其中"。

古希腊伟大哲学家亚理士多德曾编写过简单但全面讲述当时的所有的学问的讲义，后来西方就奉他为"'百科全书'之父"。实际上，如与之作比，则中国汉代初年写成的《尔雅》，虽然也属于可能更为简单的记述，但内容同样涉及当时所知的自然与社会科学各个方面，也可称为雏形的中国类型的"百科全书"。

从发展上看，西方百科全书的形成与发展可分三个时期。

第一个时期，代表性著作是古罗马瓦洛编辑的《学科要义》九卷；普林尼的《自然史》三十七卷（1世纪）。此二书后来被称为早期的"教科书"式"百科全书"。也就是说，其特点有二：一是个人编纂；二是为"教育"而编著。这两点与中国人早期一开始就编写大型类书的想法与作法不同。我们首先是为了查阅，供应写作材料；其次，是为了渲染"文治"。为了编写大型类书，常常由中央政府组织，动用大批学者参加。而西方则常常是一位作者为主来编纂。

普林尼（Pliny,the Elder,23~79）的《自然史》是早期雏形的"百科全书"代表作，此人生于意大利北部科莫，在罗马受教育。曾在西班牙任代理总督，64年返回罗马，任那不勒斯舰队司令。1979年8月24日，观察维苏威火山爆发，窒息而死。《自然史》流传1500年不衰，被奉为"知识的象征"。也就是说，这一千五百年间，西方的"百科全书"类型的书籍编纂停滞了。而这正是中国类书编纂的百花齐放的极盛时代。

第二个时期，已经到了16～18世纪，受培根的"科学分类法"影响,逐渐向近代科学靠拢;编排则趋向字母顺序。"辞典"式。霍夫曼于1677年编纂出版《百科词典》,并编制索引,开了先河。

培根(Francis Bacon,1561~1626),英国哲学家、法官、政治家。在其未完成著作《伟大的复兴》中,首先建立了反映各个学科和知识门类及各种事物之间相互联系的体系。

第三个时期,近现代"百科全书"诞生。

钱伯斯(Ephraim Chambers, 1680?~1740),所编《百科全书》(Cyclopaedia)于1728年问世。1973年出第六版。法国大学者狄德罗(Denis Diderot,1713~1784)于1745年受出版商委托,翻译钱伯斯的《百科全书》。此后受启发自编。

18世纪,以狄德罗为首的"法国百科全书派",于1751~1772年编纂出版《百科全书,或科学、艺术与手工艺大辞典》,正篇17卷,图篇11卷。强调:1、启蒙性;2、检索与工具书功能。邀集当时许多启蒙运动的思想家参与编纂。此后,西方和效仿西方的日本等国,都大量地不断地编纂出版各种综合性与专科性百科全书。品种繁多。

中国自20世纪初始有"百科全书"这个专名词，自日文直接输入。如上海广学会自外文节译编纂之《伦理宗教百科全书》，1928年出版。是供基督教信徒和研究宗教（特别是基督教）的学者参考使用的一种专科性"百科全书"，从而透露出当时国内尚未具备自行编纂中国自己的综合性以至专科性百科全书的能力。

能不能编纂出版"百科全书"，是一个国家政治、经济、文化等综合实力的表现。1980年，我国开始编纂出版《中国大百科全书》，现已更新换代为第二版。

五

新中国成立后，特别是从《中国大百科全书》编纂出版以后，普遍认为，自《古今图书集成》尔后，我国编纂类书的时代似乎已经过去。犹如抛弃长袍马褂换穿西服，大家都以为迎来了我国的"百科全书"时代。我原来就是这样想的：满街跑汽车，还用硬轱辘马车干什么？

1992年起，李鹏同志担任总理之时，我国开始编纂《中华大典》，分二十四典。收纳汉文资料（包括外国人写的汉文资料）到1911年辛亥革命前一年为止。预定八亿字，是《永乐大典》的一倍，为《古今图书集成》八倍。将是中国历史上最大的一部类书。此事进度缓慢，2005年前后，开过多次论证会。我参加过两次。我当时的意见是，这颗寿桃太大，趁它还没有怎么开蒸，赶紧撤火。

2006年4月，任又之（继愈）老师给我打电话，叫我参加《中华大典·民俗典》的编纂。我说，我不是干民俗学的，连中国民俗学会会员都不是。再说，我现在是严重的糖尿病、高血压、脑隙性梗塞患者；还有，我正在为别的几项政府级重大任务打打小下手，一仆多主决不会落好，实在是干不了。爷俩说了一阵，谈不拢。老师最后撂下一句话："就是你了！"只好硬着头皮干吧！

经过一年多时间的摸索，我发现，大型旧类书的毛病不少。例如，引书单摆浮搁，极少裁定。初学的读者引用，容易出错。例如，"麈尾"盛行于东汉末期、南北朝以至唐代，它与蝇拂的形制、用法截然不同。宋代以下失传，那时又出现一种短柄蝇拂形状的"麈尾"。它不过是蝇拂之一种罢了。我曾为此写过两篇小文，分别阐述，都刊载在《文史知识》上，请有兴趣的读者自行翻阅，不赘述了。古代的类书，如《古今图书集成》中，引用的几乎全是截止到唐五代的资料，单提，混淆的可能性不大。可是在"集成"却是把麈尾和蝇拂等混编的，恐怕他们脑子里的麈尾就是蝇拂之类物品罢？我们新编，引书到清季，如《红楼梦》，一个回目中"麈尾""蝇刷子"杂出，说的可是一个东西。如不加说明，很可能造成混乱。于是，我想到，要是格于体例，在《民俗典》中一言半语说不清的，能不能请求如《文史知识》等杂志刊载一些小文，予以阐明。例如，纸鸢与风筝，当代人认为是一雅一俗的同义语。可在唐代，纸鸢是纸鸢，风筝可是"风铃、铁马（檐铃）"的近义词。后来呢，文人雅士还有用"风筝"当"铁马"的同义代用语的。这些就都需要进一步说明。

通过从事《中华大典》的一部分编纂工作，我对当代还需不需要编纂类书的事，有了些许新的想法。那就是：

一则，如前所言，只有咱们中国人，富于线性思维，积累下浩如烟海的文献记录，才具有编制类书的广博基础。这与编纂"百科全书"大不相同。编"百科全书"，哪国人用哪种语言文字全能编。过去，在欧美强国的海军中，有一种"存在的舰队"的战略思想，那就是，只要保持着强大的舰队，即使停在军港里不动，也是一种威慑力量。比附而言，我们若有八亿字的一部大书，不论在哪国哪个图书馆里一摆，中华文化的博大精深一望而知。这样的民族，肯定是一个伟大的民族。这最最起码也是"无用之用"了。

二则，我们若是为后人留下经过挑选整理的八亿字资料，就是在电脑时代的今天，也不失为一所容易查阅的超大型资料库。再说，根据研究中国古代文献和类书的历史经验，证明每过几百年，文献就会消亡不少。于是，古人找散亡资料的办法之一，就是到类书中去查找、辑佚。因此，有所谓"三百年一修类书""盛世修书"等说法，都是经验之谈。这事要是干好了，是为子孙做好事呢！"遗子黄金满籯，不如一经"，新型的大类书，就是一经中的一经。

三则，我们不是完全按照老类书的样子来编自己的新型类书。即以《民俗典》来说，是按当代民俗学的框架来编纂的，要是能编得好，就是一部中国古代民俗学资料集成。我们是在做前人没有做过的事业呢！只是唯恐能力不够，干不好而已。

四则，干这件大事，能培养锻炼出一大批各方面各种部门的专业人才，特别是整理古典文献的人才，将来可以移作别用。不宜只算小抠经济账。

六

类书的目录，常附在某些研究著作之后，单行者不多。现在举出两种，供研究讨论。

一部是1935年燕京大学图书馆自行编纂出版的《燕京大学图书馆藏类书目录》。可以指出此书的几大特色：

一是，它是对收入的每一部书作有详细提要的目录书。提要均按同一规格编写。即：首先给出原编者、后代整理者，馆藏版本，册数，本馆书号，馆藏本特点如有无批注等。其次，对此书的相关问题（特别是残本、辑本等事）加以说明。最后，列出全书分卷目次，等于客观介绍全书情况。我们认为，这种作法颇佳，使读者在阅读此书前已经得到了与之相关的许多知识，并可初步确定是否阅览。可惜，如此作法的目录极少。

二是，此书前有一篇洪业先生作的序，不长，要言不烦，将"类书"的起源，各个时代的重要目录书籍对类书的著录方式，并旁及"类书"这个专名词的产生及其发展变化，大体上全交代清楚了。

可惜，这部目录提要是主要为本馆读者服务的，所收仅限于馆藏。欲窥全豹，则应看《中国类书》。这部书

2005年由河北人民出版社出版。作者是赵含坤先生。赵先生在"《中华大典》办公室"工作。此书按时代先后，收录了迄今为止的一千六百多部类书，是最完备的一部类书目录。全书分八个部分，各部分均先有概述型的专文，合之则为一部简短的中国类书史。著录的每部书附简短的提要。作者在自作的"序"中并对全书的写作意旨等作出简明说明。可以说，此书是中国类书研究的最新的成果，继续向前的起点站。

　　2010年1月3日，星期日。大雪中之紫霄园

师
友

周太初（一良）先生购买《北洋画报》

周一良先生在此书扉页以左手题辞：

一九九九年十一月，由白化文先生指引，购得书店库存最后一套，价三千元。对一介书生，不得谓非豪举。画报陆续刊邓懿相片十六七张，最早者一九二九年，时十六岁。距今七十载矣！在画报所收人物中，即使我长寿至今之仅存硕果，亦为寥寥可数者也。

一良左手记

周先生盖有收藏印鉴四：左上为"一良左手"，左下为"周一良所藏书"；右上为"惟壬子吾以降"，右下为"人固不可以无年"。

此页左下角另盖有"赵克风藏"印鉴一，赵氏当是原藏者。

周先生已经点出：白化文是您购买《北洋画报》的中介人。我总得说点什么吧。

认识周先生的夫人邓懿教授，我的爱人李鼎霞比我早得多。时在1957年，李鼎霞从桂林语文专修学校调回北京大学。桂林的那所学校是专门招收越南学生，从事汉语教学的学校。1957年撤销，教学人员重新分配。李鼎霞分到北大的"外国留学生专修班"（习惯简称"外留班"），学习汉语的有十几国的学生了。业务主管就是邓懿先生。邓先生是老前辈，抗战时期在美国就教过美国军人。1950年在清华大学成立"外留班"，邓先生是创始人之一。院系调整时，全班移入北大。邓懿先生对教学人员管理严格，经常听课并及时提意见。李鼎霞向来讲课没有废话，邓先生挺欣赏她的，只是说："有的词语带东北口音。"那可是至今也改不了的了。

1958～1959年之际，反右整改之时，邓先生和李鼎霞前后调离。邓先生到英语系，给中国学生上公共英语课去了。李鼎霞分到图书馆。两个人从此都没有再动。他们两位倒是都没有戴帽子，可是在凝固的空气中谁也不敢理谁喽。待等20世纪80年代拨乱反正之时，我与周先生有了联系，李鼎霞才和邓先生恢复往来。但是，已经没有业务上的共同语言了。

据我多年侍坐观察，周、邓两位先生堪称模范夫妻，相敬如宾。听说就红过一次脸：临近解放之时，周先生从清华大学进城办事，邓先生怕他出事，要求中午以前一定回来。可是，那时瞬息万变，行路极难。待等周先生到家，已是晚间了。邓先生连急带气，竟然扇了周先生一下。仅此一回而已。吴组缃先生夫妻、林庚先生夫妻，亦莫不相敬如宾，没听说有吵架的事。我从而觇见各位先生的人格。

1999年10月1日，邓先生摔伤，当即入北医三院治疗。不料病越治越多，那是后话。这年十月初刚入院时，周先生还有点乐观，对我说，邓先生年轻时还登台演剧呢。我说，在《北洋画报》上见过照片，不止一张。这几年翻印的《北洋画报》编有索引，一查便得。我还说，北大图书馆的一套是旧版，不带索引。高校古委会图书室有一套新版带索引的，还是我帮他们买来的呢。可是借不出来，只能去那里看。

周先生马上叫我替您也去买一套，而且有点迫不及待的样子，语气中洋溢着伉俪情深之意味。我不敢怠慢，赶紧给中国书店副总经理吴凤祥先生打电话。吴先生又让主事的王洪先生帮忙，找了几天，才在隆福寺的中国书店找到唯一尚存的一部，要价三千元，一口价。周先生说："要！"11月8日上午9时许，隆福寺店经理陈瑞林先生和司机范师傅开车先到舍下，拉上我，到时居朗润园的周先生府上，当时钱货两清。此书为书目文献出版社1985年影印本，正文32册，索引1册，共33册。后来，周府利用此书中的照片，由周一良先生的公子，擅长摄影和录像的周启锐先生翻拍，印入周一良先生的新著《钻石婚杂忆》等书中，也算多少物尽其用了。

周一良先生逝世后，遗留的大批书籍并无图书馆登记所说的"财产账"，后人极难处理。周启锐同志问及在下。我建议：将其分成几大块：一大块是日文书，其中不乏现当代日本学者签名赠阅本，颇为珍贵。另一大块是周一良先生批阅本，如"二十四史"等，已捐赠给北大历史系。再有的就是其余的线装、洋装书啦，其中善本、准善本大批的，但需大型图书馆或中国书店的采购人员多日在周府工作拣选。于是，按我的意见行事。由我敲边鼓，先找北大历史系特别是古代史中心的人物，如个人关系和业务都接近周先生的荣新江同志，他们来看过，北大图书馆善本部的主任沈乃文同志等位都来看过，均因缺乏大量购书资金而兴叹。我甚至怀疑他们有吃窝边草思想，等着捐赠呢！一计不成，再找国家图书馆，他们也派善本部专管采购的程有庆同志等位来看过，也因类似的原因而止步不前。我以小人之心度君子，总认为北京各大馆吃捐赠吃惯了，眼光也忒高。

于是，只可找专干采购的中国书店。我与他们是老朋友啦。虽然我缺钱，不怎么买书，可是他们不嫌弃我，老是帮助我，有求必应。例如，坐镇总店的许惠田经理，海淀店的李小琦女史，仓库的袁媛女史，都是我多年的老朋友啦！中关村店里的薛胜祥、王宪东二君也是与我常年来往的。于是，我就打电话，向他们求援。总店决定，有拍卖价值的，交直属的海王村拍卖公司彭震尧、刘建章两位经理办理，其他的交中关村店。先由薛胜祥经理和王宪东同志帮助整理出个头绪，会计李硕女史估价付款。海淀店的李小琦女史也亲自驾私家车来看过。

他们到周府一看，认为起码得代为清理一个月，才有头绪。于是开干。中国书店有严格的组织纪律，几位天天8小时，上下午两班，在周府整理。只喝周府白开水，中午回中关村店午饭。他们建议，分期分批，整理出一批，处理一批。不值钱的由他们先收购一些，其余的放在中关村店，或零售，或批售。他们还在店中设专柜陈列。听说至今也没有卖完。我总觉得，如各省市图书馆、大学文科系所，掏出一批钱来统购，绝对大占便宜。特别是那些日文签名本，极有收藏价值与使用价值。还有一批，由海王村拍卖公司拉走，分期分批拍卖。听说至今也没有拍完。

《北洋画报》也陈列在中关村店玻璃柜中多时。听说，此书2008年已经易手，价七千元，经中国书店中关村店售出。当然，卖主所得不到此数。我与此书的关系，真是"成也萧何，败也萧何"，不胜今昔之感。

2009年12月19日，星期六。紫霄园

朱季黄（家溍）先生与《文史知识》

2003年9月29日上午8时40分，朱季黄（家溍）先生在305医院逝世。

> 金台老宿，早擅三绝逸才，余事和声鸣盛世；
> 紫禁清班，胪陈十朝通典，退食加意写宫城。

这是我献给朱季黄（家溍）先生的挽联。朱老生于1914年7月，不管按中国式或西式算法，都可说过了九十大寿了。您原籍浙江萧山，但我判断，您是在晚年才衣锦荣归的。您应该是土生土长的老北京。您又是中央文史研究馆馆员，"金台老宿"当之无愧。三绝诗书画，您擅长的可不止这三项。如摄影，特别是静物摄影，您是很在行的，《故宫退食录》中有样片可证。您也很会制联，似乎掌握几种便于"对客挥毫"时应用的套路，临时一变化，就能当场抓彩出联。愸是京剧大师杨小楼的嫡传弟子，一直玩票唱到21世纪初。这是上联的基本内涵。愸的本职工作是故宫博物院终身制研究员，"紫禁清班"亦当之无愧。愸是明清史特别是清代宫廷史制度史大专家，著有《故宫退食录》等著作。这就是下联的主要内涵。

朱老与《文史知识》编辑部和我的往来，均始于1982年底组织的"第一届全国迎春征联活动"。此活动由中央电视台、《文史知识》编辑部、北京团市委、北京市劳动人民文化宫四单位联合举办。评联的业务主要由《文史知识》编辑部承担，核心组织者是杨牧之。业务顾问有王了一（力）、周燕孙（祖谟）等老一代先生，不参加具体工作，遥控而已。当时主评的有刘叶秋、吴小如和朱老等位先生，以及程毅中学长。我是跟着学习并打杂的。朱老是由中华书局俞明岳先生专门请来的，以前没有见过。当时朱老不到七十岁，神采奕奕，毫无老态。一次晚饭后余兴，大伙起哄，叫黄克学长唱京剧，说他家学渊源。其实黄克没怎么学过，唱不来。这时，吴先生解围，说请朱老唱。朱老也不推辞，站起来唱了一段，字正腔圆，使我既佩服又惊讶。后来抽空请教吴小如先生，才知道朱老的家世（现在学术界尽人皆知，不赘述），以及朱老是杨小楼大师嫡系亲传弟子所传，帮助梅兰芳大师撰写回忆录等情况。在相处中更逐渐体会出，朱老才艺精能，腹笥渊博；事理通达，心气和平。大家都一步一步地增加了对朱老的了解和敬重。

以中央电视台为依托的这种征联评奖活动，连办四年四届。从第三届开始，新成立的中国楹联学会介入。此会当时的组成情况，可以从1991年中国友谊出版公司出版的《中国对联大辞典》内相关词条中略见端倪，亦不赘述。除了吴先生被聘为顾问外，我们都不是该会的会员。后来，在北京举办的这类评奖中，就往往由该会主要负责人操办。他们倒是有时候请五个人参加，就是刘叶秋、吴小如和朱老三位老先生，以及程毅中学长与我。1988年刘老逝世后，还有四人。不管是否由学会主办，只要是在北京办的楹联评奖，一来传唤，我们四人总是摽在一起参与此事，因而就被戏称为"四人帮"了。到了1992年，这一"帮派"似乎已被中国楹联学会默认，他们就统一给四个人又下了一次正式的"顾问聘书"。从此，"四人帮"就以该会顾问面目出现在评联会场之中了。不过，该会的会务，"四人帮"从未参与，超然事外，不明白其中就里。我个人倒是很佩服能办会的诸公。他们真有组织能力,能把社会上一盘散沙的爱好者团聚起来。我仿"酵母"之例,称之为"会母"。听说社会上把办各种学会的专门家(比"专家"多一个"门"字)称为"会虫"。

"四人帮"评联时,朱老常以老票友之超然姿态出现,吴先生与您,有如汉光武与严子陵,所谓"朕与先生是故人"者是也。程毅中学长一贯认真并独立思考。我则一唯吴老师马首是瞻焉。相处十分愉快,合作严丝合缝。到了1999年,吴老师"倦勤",学会负责人也不再上门。此帮无形中散摊子。再找谒见朱老的机会,惟有自台下瞻仰红氍毹之上矣。

朱老唱戏,从跟杨小楼大师学唱武生和老生起,一直唱到21世纪,我想长达七十年以上。我从认识朱老起,不断白听蹭戏,也将近二十年。不说每场必到,隔三差五的也差不离儿。朱老嗓音好,身子骨儿好因而到老不落架子,上场一看,吴老师就说,杨大师风范犹存。我多次看戏,场子里梨园行的老人儿几乎占三分之一以上。我几次看见梅葆玖带着一批人坐前排,仔细观摩。固然朱老跟梅家是老关系,但是,那些位态度诚恳,绝不是单纯来捧场的，肯定是来学习的。一位票友令内行倾倒至此，朱老之功力可想。

朱老家中安电话较晚，早期常与我通信，1995年有电话后就通电话。除了我逢年按节问候外，从我这方面，就是汇报评联之类的时间、地点、内容等问题。从朱老方面呢，大致不外两件事。一是告诉我演出地点时间与戏码，二是为您识拔的弟子朱赛虹女史在我系读硕士生的事。您对于后学是极为关照的，曾工笔小楷为朱女史的著作写序言，此序影印于全书之前。而今，朱赛虹女史学业有成，早已是故宫博物院图书馆现在唯一的研究员和常务副馆长了。朱老可谓青眼识人也。

朱老与《文史知识》的另一段因缘，就是为电影《火烧圆明园》《垂帘听政》等问题答问。朱老是这两部电影的"顾问"。可是，编导人员在若干问题上没有听朱老的。朱老是极有涵养的人，可是也经不住许多人见面就请教其中的事该不该那样演法。我就向杨牧之同志建议，不如让《文史知识》出一两篇文章，以答客问形式解惑，免得朱老逐一当面回答熟人。朱老一听，也极为赞成。于是派青年编辑胡友鸣同志办这件事。现在，友鸣同志也已步入中年，早已是中华书局期刊部主任。《文史知识》编辑部的老人儿，也就只剩下他了。"旧人惟有何戡在"，有关此事的前前后后，友鸣比我清楚得多，还是让他来向读者汇报。"更与殷勤唱《渭城》"，耆旧凋零，老成徂谢，让我们共同来为朱老送行吧。

追忆陪侍启先生

　　陈寅恪先生有诗云："贞元朝士曾陪侍，一梦华胥四十年。"所谓"贞元朝士"，陈先生原意，似指清季光绪宣统时期的，以北京为轴心的受朝政影响的文士集体。窃以为，这"贞元朝士"可以扩大泛指与借用，某一沧海横流、社会变动巨大，而一代文士流徙的时代中人，那是又一时代的"贞元朝士"了。启先生这一代，可说是新时期的"贞元朝士"。我的一梦，若从20世纪70年代末期陪侍启先生算起，也有三十多年，接近四十年了。当然，我焉敢窃比陈先生，陪侍的人有各种层次，可以很多的，此处不过借用，作为本文引子罢了。

　　我亲近并偶或陪侍启先生，还是在小乘巷时期。是由我的大学同班沈玉成学长带我晋谒的。启先生那时偶尔有闲，愡爱聊，我爱听，愡聊的多为"积古"（《红楼梦》中贾母所言）的话，不涉及时务。沈玉成对启先生说"有白无害"，证明我不会传播是非。得到启先生首肯，此后我就常常独自到启府，得聆绪论。我还相当乖觉，一有别的我不熟悉的生人抵达，就告辞。启先生越来越满意我了。

为了助谈锋，好好学习，我还经常提点问题。例如，一次我提问：《红楼梦》第六十五回，尤三姐说："咱们清水下杂面，你吃我看；提着影戏人儿上场儿，好歹别戳破这层纸儿。"后两句我懂，前两句不懂，我以为都是歇后语，就提出来问启先生，因为您既是老北京，又是红学大专家。不料此时来了不速之客，我赶紧告辞。没有再问过，至今，我还是不懂。现在，有哪位明白人，点拨点拨我吧。

熟了，有时推门就进。一天下午，我推门进入，启先生正睡午觉呢。我悄悄坐在角落里，不敢吭声。一会儿，启先生翻身起来，从床下拽出一个尿盆就小便，接着翻身再上床，又睡了。待一会儿，草堂春睡觉，爬起来，发现了我，说："什么时候来的？"

启先生和沈玉成聊天，偶尔问到我的家世。过几天，沈玉成告诉我说，启先生说，与我的外家的一位"老祖"，即我外祖父的叔叔认识，似乎还是"口盟"。也就是相约为把兄弟，但没有正式到关帝庙内磕头换帖。沈玉成说，白某乃曾孙一辈。我说，给启先生当"奔拉孙"（北京土话对曾孙的谑称），还算我的光荣呢。大约沈玉成对启先生讲了。启先生原来管我叫"老白"，我称"启先生"。这次又见面，神情大变，什么也不说了，远远伸出左手，五指分开，在空中作爬行状，说："谁再提，谁是这个！"我说："没事，我愿意认您当老祖。"启先生说："绝对不行！"最后，我说，您的老同事周燕孙（祖谟）先生、陆颖明（宗达）先生全是我的业师，您肯定是我的长辈，我用模糊性的称呼，称呼您"老爷子"，总可以吧。启先生有点首肯。从此，我就称启先生"老爷子"，启先生也不叫我"老白"啦，干脆什么也不叫了，只是唯唯应答而已。

我有烧冷灶不烧热灶的积习，不怎么愿意到人多之处凑热闹。启先生移居师大后，我就不怎么来晋谒了。为筹备2003年王有三（重民）先生百年纪念，北大信息管理系，也就是我们系，派我几项任务，一项是请王先生的老友、一起编纂《敦煌变文集》的启先生题写《王重民先生百年诞辰纪念文集》题签。当时，启先生已经不怎么写字了，我怕碰钉子，转托柴剑虹先生去打探。启先生一口答应,说:"非写不可!马上就写!"我理解:这是对老友的同情与追思,启先生是极有感情的人呐!据柴先生说,用一把尺子比着,硬笔书写才写下来的。我听了挺感动的。

2003年9月,我住院半个月,出院翌日即参加王先生的纪念会。此会有两个会场,分别在北大和国家图书馆举行。会后,计议给启先生送印好的纪念文集去,实际上应该早就送去的,就因为我住院耽误了。我系新上任的系主任王余光亲自出马,约请柴剑虹先生为先容。提前问给启先生送什么礼物。老爷子一口拒绝。柴先生说,老爷子爱毛绒玩具,送一个许行。转问,答应了。于是派博士生许欢(现为我系讲师)去买。我说,老爷子和熊猫都是国宝,送一个熊猫得了。不料,许欢买来一个像是圆脸耷拉耳朵大肥兔子形状的东西,说是最流行的造型了。包裹的玻璃纸还破了,无法退换。这时,系里会计说,为开会造的预算早已用光,拒绝再付出任何款项。连出车的车费都没有了。可是,我们得从北大开车到中华书局接上柴剑虹,再上师大,再回中华书局,请柴先生吃饭,再回北大。这一天车费起码百余元(按现在得三百元),无处可报。王余光有办法,叫来他的在职博士生韩芸女士(当时任职于中国人民大学图书馆),她仰慕启先生已久,无缘拜识,得知有此美差，兴奋异常，自己驾车，携带高级相机，拉着我们，于10月8日前往。到了老爷子家，一切如仪。启先生抱着毛绒玩具，爱不释手。我这才放心了。众人陆续与老爷子合影，鞠躬告退。这是我与老爷子唯一的一次合影，颇觉宝贵。

想念阴少曾（法鲁）先生

一

我调回北大工作以后，除了原来上课教导过我的十几位老师以外，逐渐和季希逋（羡林）、周太初（一良）、宿季庚（白）等位先生，当然更有阴少曾（法鲁）先生，有过接触。这就产生了称谓问题。教过我的，一律称为老师，自称学生，不成问题。但我不敢说是上述这几位先生的弟子，因为没有听过课。我还怕有的先生的嫡系弟子耻笑，说，你念过梵文么，学过中古史么，干过考古？妄称"学生"！可是，我终究是晚辈，是后学，称呼上颇费斟酌。一天，在周太初先生府上侍坐，趁机把这个问题说开了。我说，《后汉书》中常讲"门生故吏"，周家可比袁安家族，我就算您的"门生"。再说，清朝科举，中试者对座师、房师也称"门生"。您在提职称时荐举过我，准此，我可称门生。后来我对季、宿等位先生和阴先生，也用这个称呼了。几位先生看我诚恳，并不反感。小结：我凑合着算是阴先生的门生。

阴先生与我同出身于北大中文系，您可是老一辈的了。您所在的那一班，1937年七七事变前刚读完二年级，全班二十五人，后来在学术界崭露头角的有阴先生和周定一、俞敏、柳存仁、傅懋勣、逯钦立、陈士林等位先生，百分比在30%左右，应该说是很"得士"的一个班了。1936年毕业班12人，学术界就出息了周燕孙（祖谟）先生一位。1937年有吴晓铃。可见那时候毕业容易，一生中出人头地甚难。故而沈兼士先生有"北大中文系每三年必有健者出"的感叹。窃以为，这句话当从另一面来理解。附言：沈先生单指语言组而言。新中国成立后一大段时间内，组织分配，飘茵落溷立判，很难翻身，那是另一码事了。

抗战开始，阴先生这个班到了西南联大，上三年级。间关险阻，到达昆明的是少数。1939年毕业时，北大9人（仅为在京时的36%），清华4人，后来在学术界有名望的七八位，占55%以上。在联大九年九个班中，也是最得人的了。

阴先生大学毕业后即入北大研究院文科研究所深造。是为西南联大时期的头一班。这一班更是人才济济。大略地说，中国文学部有阴先生和逯钦立（1943年方毕业）。1941年与阴先生同时毕业的，有语学部的马学良、周法高，史学部有杨志玖、王明，哲学部有任继愈等位先生。这一年可说成品率百分之百。单从研究生服务社会（特别是学术界）的无废品成功率来说，我认为，后来的北大文科从没有达到这样的水平。当然，这是精兵政策的结果，与当代的大批培养不可同日而语。但是，当时的研究所集中了北大、清华的全国最优秀的导师，又有抗战时期昂扬向上的气氛，自由宽松的学术环境，才造就了这么一大批人才。"汉之得人，于斯为盛"矣！

我们也应该看出，和培养飞行员实行淘汰制一样，从30%到55%，再到100%，阴先生经历的奋斗过程艰辛异常。后来我与阴先生闲谈中着意指出这一点，阴先生含笑不语，我想是默认了。

阴先生的研究生毕业论文题目是《词与唐宋大曲的关系》。即使到了现在，这门学术也得算是一门"绝学"，敢碰的人极少。后来此种学术成为阴先生一生研究的重点。阴先生研究生毕业后即任西南联大文学院中国文学系唯一的"研究助教",而不是单纯的"助教"（当时的助教有十余人），可见他的地位特殊。我想，这是因为您会的这一套别人不会，系里也不安排这样的课，给谁当助教也不行，于是只好自行研究了。我也曾就此事向阴先生阐明自己的想法，先生亦含笑不语。世尊无言，即是默许罢。

二

待我1950年入沙滩北大时，博物馆专修科已经成立。首任科主任是韩寿萱先生。韩先生是老北大中文系1930年毕业生，当时在校内老中青三代教师中属于中年偏老的一辈人。阴先生当时已是讲师，由中文系调过来，实际上负责科里的常务工作。据我观察，阴先生一辈子常干此种差使，即实际负责一个部门的日常事务工作，上面有个岁数大的顶头上司。这种工作不好作，即使不忍辱，也要负重，难免心理不平衡。换了当代青年，早就甩手不干了。可是，阴先生似乎毫不计较，似乎毫无觉察，永远少言寡语地踏踏实实地去干。这种对工作的认真态度，和平与文明、忍让的道德情操，所谓"不忮不求者，贤达之用心"，我在阴先生身上着实看到了。

阴先生一生中，对自己的成绩，往往低调处理，从不宣扬。试举一例：《中华大藏经》的主要影印底本是《赵城金藏》，有关八路军保护此藏的经过，叠见报章揭载，不赘述。此藏现存约五千卷，由国家图书馆善本特藏部典藏。此藏版本情况比较复杂，其中有大量弘法寺补雕本。以其非此处应涉及之内容，亦不赘述。要说的是，1959年，阴先生参加西藏文物调查（当时阴先生不属北大，北大参加的有宿季庚先生），在西藏奔波山重曲河北岸的萨迦北寺，愍个人首先发现了残存五百余卷的另一部《金藏》，此藏是元宪宗蒙哥六年（1256）张从禄及妻子王氏出资印造，舍入当时燕京的大宝积寺的，何时入藏萨迦寺，著录与流散情况等均不明。如果不是经阴先生翻阅发现，可能至今无人知晓。《萨迦寺本金藏》与《赵城金藏》同属弘法寺补雕本，一部分可补《赵城金藏》之缺者亦影印入《中华大藏经》。阴先生首先发现之功甚伟。可愍从不张扬此事。我单独侍坐时几次谈到，阴先生亦唯微笑而已，不置一词。

这就要说到我与阴先生熟悉起来的事了。20世纪80

年代初，我还很穷，家中只有一台小型放音机，不能同时过录。因此，需要转录中国古典音乐磁带时，往往麻烦阴先生，您有很好的录放设备。您对于我来找麻烦，不但不厌弃，反而有点空谷足音之感，十分欢迎，乐此不疲。您把自己的一些当时难得的带子，也都主动为我转录了。我怕太麻烦先生，常常问先生某些外卖的带子何处能买到，然后自己去买。一天，阴先生告诉我，王府井的音像书店里新到一盘唐五代宋词的带子，我就进城去买，在此店就是找不到。问梳辫子的店员，她说绝对没有，并对我的爱好和进一步找一找的要求有点不屑一顾的样子。败兴而归后，对阴先生一汇报。先生说："肯定有，她们不知道的。"过几天，阴先生打电话叫我去您府上一趟，到后一看，那盘带买来啦！附有发票，就是那家店。阴先生说："我到那儿，也没说话，从柜里给掏出来了。"我说："您何必亲自走一趟呢？告诉我，我再去一次不就行了吗！真让人不落忍的。"阴先生说："知道你找不着。"

记得季希逋先生说过，老年人总有些寂寞的感觉。又有一位北大数学系的先辈先生说过，数学家的苦闷没法说，对老婆都没法说。阴先生的学术领域之中，绝学之类的成分颇多。您平时上课讲的大约也不是那些。您是研究中国古典音乐的，这就足以说明，您是个极有修养的人，但又是极有感情的人呐。您的寂寞和苦闷跟谁说去？憋急了，也就跟契诃夫小说中那个孤寂的马夫那样，夜间把话都跟马说了。您晚年一个人在家的时候，有时就打电话叫我去聊一聊。我想，我去的就是那马的角色吧。实际上，总是阴先生在讲您的学术，我似懂非懂地听。我比马强点儿，有时也顺着阴先生说的，谈点个人感受，前面已经写到一点儿，那些就是我的有代表性的议论了。我颇以能为老先生的晚年解闷儿而自慰。

阴先生离休后，常在好天气时，于清晨六点钟前后到圆明园去遛早儿。我国申请2000年办奥运失败后不几天，我在圆明园碰见阴先生。我说："您看看，第一次办奥运，这帮洋人就如此欺负我们，生生给拦住了！"又高又瘦的阴先生俯身向着我，缓慢地说："他们拦不住我们的，我们不但要办第一次，还要办第二次！"我听罢眼前一片光明，如坐光风霁月之中，顿感矜平躁释。阴先生高瞻远瞩，又时时处处在教育人呐。

我想念阴先生。

2003年8月1日，星期五，承泽园

老友知交修辞学大名家张炼强

一

  我于1949～1950年之间在南开大学中文系就读。1950年转北大中文系。因家父逝世料理家事等原因，不断休学。1951年秋季才回系中，仍从一年级读起。系里因我是熟悉情况的老生，派我迎新。于是，我拿着新生报名表，一天到晚坐在系资料室内等人。一共等来四十多位。可以毫不夸大地说，张炼强进北大，头一个认识的就是我。他报到早，我看他忠诚老实，办事麻利，立即委任他为我所在的男生第一小组组长，与我同住三院。院前为刘半农先生惠赐嘉名的"北大河"，实为一条明沟，水流不大，现已填实为马路矣。当时我们同住工字楼八号甲。同室六人。岁数最大的是生于1929年的王文宝，后来成为我国民俗学与俗文学的重镇，曾任中国俗文学学会会长（此会挂靠在北大中文系，现任会长为陈平原）。最小的是沈仁康，后来成为著名的诗人与作家，广州花城出版社社长。

入学不久，张炼强就获得外号"老练"，老同学一直叫到现在。他的特点之一是爽直与认真。我具有老北京人慵懒的不良习惯，早晨不爱起床，常常不上早操。这影响小组间的评比。张炼强为此极为着急，每晚熄灯后必联床夜话一阵，叫我发誓翌日必定早起。第二天，往往是故我依然。但他另有一突出特点，即从不向团支部打小报告。应该说明，当时把经常向团支部以至团总支领导汇报自己与周围的情况是进步，即靠拢组织的一种重要表现，大家对之并无反感。不过，老练从来不这么干就是了。

同学四年，老练在学习方面属于全面发展类型，但他特别喜爱古代文学史，并且爱写古体诗词。毕业前，他曾写过一段畅想曲类型的短文，首先，想象几十年后，自己成为一名文学史教授，在四壁图书的家中高吟李杜诗篇的情景。其次，想象自己退休后成为一名"祖国山河的访问者"。我读后颇为神往。毕业后，他分配到时称"北京师范学院"而今扩展为首都师范大学的中文系任教，因工作需要，担任语言方面的教学工作，一干就是一辈子，从来不伸手不讲价。他的夫人，我班董宜芳学长更是如此。他们俩堪称我们班忠于人民教育事业的典范。

我想，老练很聪明，善于用己之长。拙见以为，修辞学虽划入语言学范畴，实在是语言学中极为靠近文学的一门。如果文学与古代文献基础打得不好，专门干修辞，似乎不一定能成为大家。老练在大学读书时的侧重点和爱好，暗中全都用上了。

老练身体很好，有"济胜之具"，又有"读万卷书，行万里路"的豪情。他不仅成为祖国山河的访问者，而且将之扩大化，成为世界各大洲的漫游者。他是我班旅游地方最多的人，无人能比。他写的诗篇，表现的也经常是"山程水驿中"。可惜董宜芳身体顶不住，不能陪他四处乱转。这是我爱人李鼎霞和小董经常通电话时的主要话题之一。附言：她们二位原是燕京大学中文系1951级同班好姐们，老住同屋。1952年院系调整时，才与我们合并在一起的。

二

　　我于1949秋季至1950年夏季在南开大学中文系读书时，邢公畹（庆兰）先生开全系通选课"修辞学"。除四年级的老大哥大姐因作毕业论文不选，三至一年级同学基本上全选了。此课对我影响甚大，以后我写什么就老想着得修修辞。但是，我并没有想涉足修辞学领域。这是与我对此课特别是对邢老师教学的观感有密切关系的。

　　我对邢老师的教学，有一段从高山到低谷，又从低谷上高山的"V"字形的认识过程。原来，邢老师一上课，口若悬河；板书例句，渊博之甚。我们佩服得五体投地，甚至连尾巴都甩个不止。慢慢地，我发现他并无讲稿，只是端着一本书。课间，老师上洗手间，我溜到讲台前一看，敢情此书书名为《修辞学发凡》，陈望道老先生的名著。赶紧到劝业场旧书摊上买了一本（中间还缺了几页），一读一对照，与邢老师讲的不差分毫。我不佩服老师了，认为，拿着这本书，谁不会讲！及至一段时间以后，慢慢地才明白：邢老师是陈老先生在上海大学讲课时的嫡系高材生，邢老师是谨守师传。有不敢忘本之意存焉。别人还没这样做的资格呢！于是，我又逐步恢复了对邢老师的钦敬。后来，我见陆颖明（宗达）老师讲《说文》，拿的就是从黄季刚（侃）先生那本《说文》上过录来的本子，黄先生那本上，说不定还有从章太炎祖师爷那里过录来的材料呢！

我从而有了一种恐惧感，觉得，祖师爷已然定下规矩与范围，有如如来佛的手掌心，我们跳不出去。因此，也就不去研究修辞学啦！再说，我以后从事的工作，也与修辞学无干，也就不想这等事了。后来，听说老练开讲修辞学，我一半惊讶一半好奇，心想，看你如何翻出手掌心去。老练倒是不忘旧情，出书就送我，我就一本一本地看。我发现，老练的研究方法，与陈老先生大大地不同。举例更甭说，全新。大开眼界！他是从一开始就跳出如来佛的手掌心啦！我当即名之为"新型张氏修辞学"。拙见以为，真有与陈老先生"二佛同塔"之意匠也！

我总觉得，解放已经六十年了。对我们现当代人的有代表性的学术成就，不宜妄自菲薄。老一代的先生，包括邢老师那一辈人，成名成家时也就三四十岁。咱们这一代的成绩也有了，岁数也到了，不可压得太久。我佩服首都师范大学的领导和同志们能为老练开这么一次学术性的会议，并且谢谢他们为我们班的杰出老哥们儿撑腰打气。

我听说，有当代四大修辞学家的说法，听罢极为鼓舞。咱们不能总是供着一尊老佛。江山代有才人，各领风骚！即使退一万步，承认老佛为尊，老人家也早已进入无色界天，不能再管人间世的事了。咱们应以应化人间的四大菩萨为膜拜对象啦！况且，菩萨升级到佛，不是不行，是他们自己谦虚。咱们得抬抬他们。别人我也管不了，我以我班永久性班会的名义宣布：奉老练为北方佛！

杂

谈

"知唐桑艾"

9月16日，《光明日报·读书》版以整版篇幅刊出对国家图书馆出版社的多篇报导。此外，在其"教科文卫新闻"版，又单独刊出该报资深记者庄建女史的独门采访记"甘为学术研究'做嫁衣'——记国家图书馆出版社"。很为一所主要出版古代文献的专门性出版社——国家图书馆出版社撑腰出气。我为之欢欣鼓舞。这些，自有所载文章在，不用在下絮叨了。

倒是，在所引"文献学者这样说"一栏中，引用了在下四个字的题辞："知唐桑艾"。可能需要补充说几句。

据我所知，起码在清季民初，一些高级知识分子为应付题辞需要，准备一些条目熟记，临时应用。《后汉书·西南夷列传》中取自《远夷乐德歌诗》的几句直译成汉字并意译为汉语的词语，常被使用。记忆中有：

"推潭仆远"，意译是"甘美酒食"。这个词语，过去老北京与江浙大城市里的大餐馆中常见。我所见较近的一例，是启元白（功）先生为北京功德林素菜馆所写，挂在该馆三层楼雅座墙上的。

"莫稏角存"，意译是"子孙昌炽"。用途甚窄，新中国成立前常用在贺喜宴会中，如结婚、生子、期颐双寿并多子多孙等。

"知唐桑艾"，意译是"所见奇异"，拙见，它倒有点类似于英语口语中常用的惊叹用字："Wonderful!"它的用途相当宽。除了上述两种情况即酒食、喜庆外，只要是耳目所见，用之无不相宜。我就常常学着用。这点小小的文献常识，我的老师和老同学一两代人几乎全都明白，即使记不住，也知道怎么去查。我想，《光明日报》和专门出版古代文献的出版社，如国家图书馆出版社，是这么想的，因此，也没有加注。那是把这一版的读者都看成研究中国古代文献的内行里手啦！可是，时移代换，当代年轻的读者可能阅读起来有点费劲，故愿借《万象》一角，略作说明如上。我也后悔干这种藏猫猫的文字游戏，决定以后不再这样做了。

2009年9月17日，星期四

谈《墨娥小录》

《墨娥小录》十四卷，纂辑者至今不详。书名出自后唐时冯贽所撰《云仙散录》一书。《云仙散录》今有中华书局出版的张力伟点校本，其第"一七"则署名"墨娥"，据校记，另一署书名为《云仙杂记》的本子，这一则署名"凤窠群女"。这都是取文中某一专名词以冠之，二者都是以偏概全。全文不长，辄引如下：

> 《姑臧前后记》曰："太中张宪使娼妓拂壶巾、锦仙裳，密粉淡妆，使侍阁下。奉书者号传芳妓，酌酒者号龙津女，传食者号仙盘使，代书札者号墨娥，换香者号麝姬，掌诗稿者号双清子。诸娼号凤窠群女，又曰团云队、曳云仙。"看来，"墨娥"有点近似我们当代的"文秘""女秘书""小秘"。

《墨娥小录》的版本，流传者中笔者所见，有以下几种：

一种是明代隆庆五年（1571）吴继的"聚好堂"刻本。此本是现知的最早的完整的十四卷全本，此后各本大体上均出自此本。1959年，北京中国书店曾据以影印，但只印了十三卷，把第十卷"房中秘药"抽去，这是谨慎的做法。后来，河南教育出版社印行《中国科学技术典籍通汇》，其中的"化学卷·二"（郭正谊主编）就影印了全书十四卷。聚好堂本现在极难得到和看到，最容易看到的就是"郭氏影印本"啦。

再一种是明代万历年间胡文焕刻印本。胡文焕是钱塘（杭州地区）人，字德甫，号全庵，别号抱琴居士，刻书堂名"文会堂"。他是那个时代江浙一带有名的刻书家，据瞿冕良先生编著的《中国古籍版刻辞典》中"文会堂"条记载：

> 刻印书很多，有：自撰《文会堂琴谱》6卷，自编《胡氏粹编》5种20卷。又，《格致丛书》存198种604卷，《寿养丛书》35种72卷，以及《百家名书》103种229卷，《医经粹录》20种，《青囊杂纂》8种等。

按，总括胡文焕刻书的特点，一是，多，杂，但以贴合当世社会与日用为主。如，医药卫生、日常生活常识、科举考试，甚至烧丹炼汞与性生活等。二是，单种的卷数都不多，差不多全是几卷。《墨娥小录》十四卷，算是其中较长的了。三是，虽挂着"丛书"的名义，却极有可能是随编随印，或是存够一批发出一批，因此，即以《格致丛书》来说，它的简目，前后发表的就不一致。《墨娥小录》虽说是《格致丛书》之中的一种，可是在《中国丛书综录》的《格致丛书》条目中却找不到，《综录》收录173种，比瞿氏的196种差了23种。奉劝也不必费事研究了，干脆算一种单行本吧。此本十四卷是全的。但搁在我们当代，也极为难得。

此后，有光绪九年（1883）刻印本，据说有删节。又据说，民国十几年（十六年？1927），上海有石印本。笔者均未见过。

以下，将《墨娥小录》各卷的主要内容略记如下：

第一卷"文府清事"，计三十则。讲的是：加工纸张的方法，如造五色粉纸，油纸（制伞等用）。制各种原料（如煮白芨、造颜色等）。造印花药与印花。打浆糊，煎胶。拓画（称作"过灰"，又叫"鬼过关"）等。

第二卷"博古绪余"，计三十五则。有一些造假与修补加工器物的方法，如粘瓷器法，据说颇为实用。还有些养花、收藏笔墨等方法。

第三卷"饮膳集珍"，计五十八则。包括造酒药和造酒、造醋、造酱等方法，以及一些可以长期保存的菜肴的制作方法。

第四卷"汤茗品胜"，计二十七则，叙述一些饮料的制作方法。

第五卷"医方捷法"，计七十八则。是一些医疗偏方。

第六卷"艺术戏剧"。这里所谓"艺术"，讲的是一些日常适用的调制物料的方法，如造胭脂、造假胡椒（反衬见出当时真胡椒价钱贵），造假翡翠，洗涤与染色，画像法，乌须法等。所谓"戏剧"，则是打牌、掷骰子、夜间捕鱼时点火引鱼上网等方法。

第七卷"推测历命"，十四则。是一些算命打卦的方法。

第八卷"种植怡情"，四十五则。讲的是种植花卉树木果菜的方法，包括除虫。

第九卷"方外修真"，十则。讲道家内外丹术。

第十卷"房中秘药",五十九则。房中术及其药物,主要是春药。其中一种"宋江丸",因其命名奇特,引人注意。这种取名,似有两种意思。一是宋江名头大,以广招徕。二是调侃宋江在这方面无能,不如青年人小张三,降不住阎婆惜,必须借助药力。暗中点出,这是中年人需要的药物。

第十一卷"丹房烧炼",四十六则。炼金术及其多种物料预备,如炼汞、炼硝等,蕴含多种古代化学实验方式。

第十二卷"香谱修制",三十一则。制作各种香料之方法。

第十三卷"禽畜宜忌",十则。为家畜宠物等防病治病及除去恶狗等法。

第十四卷"市语声嗽"。包括"中原市语",多为当时中原地区民间歇后语。"行院声嗽",分十八种类:天文,地理,时令,花木,鸟兽,宫室,器用,衣服,饮食,人物,人事,身体,技艺,珍宝,文史,颜色,数目,通用。

长辈对晚辈的一种客气称呼

我在2007年为敦煌研究院资深研究员李正宇老哥的新著《敦煌古代硬笔书法》写了一篇书评，后来发表在《敦煌研究》2008年第三期上。这是刊物编纂者和相关方面赏给我的极大的面子。

拙稿是这样开头的："李正宇老哥是我的老友、畏友。"刊出时，"老哥"改成"老弟"。这是绝对不行的。为什么呢？

在一部分高级知识分子中，特别流行一种长辈对晚辈的客气称呼。那就是，以"平辈"来称呼自己的学生，尤其是老学生。在北大，此种作法一直通行。即以我手头的《二十世纪北京大学著名学者手迹》（北京图书馆出版社2003年出版）一书为例，便可看出如下的用法：

此书39页载有黄晦闻（节）先生——在北大可算是

我的师爷爷一辈的了——写给他的学生、我的老师游泽承（国恩）先生的一幅立轴，署款是"泽承仁弟属"，自署为"癸酉岁除黄节"。按，时当公元1934年2月13日，阴历虽为癸酉，阳历已过了1933年了。

164页载有吴组缃先生于1988年书写自作七律一首，给他的研究生陈平原，署的是"平原棣台雅嘱"。

178页载有季子韦（镇淮）先生于1988年写给"平原同志伉俪"的一首旧作五律。季先生时任中文系主任，陈氏夫妇是中文系人员，所以用的是"同志"。凡用"同志"，属于对一般关系的年轻人。"伉俪"则用于对晚辈（一般仅用于低一辈者）。季先生写上款极有分寸。

还可举出两处称"同志"之例，说明均用于对方比自己年轻又处于差不多是低一辈的辈分上，而且关系说不上紧密，也就是说，算不上是自己的嫡系学生，也就是"年轻的朋友"罢了。一处在196页，朱德熙先生（时任副校长）写给陈平原的，署"书孟子语以应平原同志嘱"。另一处在177页，周太初（一良）先生书赠北大化学系教授赵匡华，写的是"一九九二年八月写奉匡华同志指正"。按，赵匡华先生的父母赵廉澄（乃抟，1897~1986）、骆涵素两位均为大学教育界老前辈，赵廉澄先生相对于周先生而言也是北大的老前辈，而周先生生年是1913年，赵匡华先生生年为1933年，与周先生并无学术上的关系，岁数又差二十岁左右，所以如此措辞，写得比较客气又不失彼此身份。

我的几位老师，像林静希（庚）先生、季希逋（羡林）先生、任又之（继愈）先生、吴小如（同宝）先生（以上按"乡党论齿"法排列），都赏给我不少您们的作品，有时也通信赐示。上款是怎样写的呢？

林先生永远写"化文兄"。季先生写"化文贤弟""化文贤棣"。任先生写"化文学友"。吴先生则在文章里称呼"化文兄"，赏书则往往写"鼎霞、化文俪正"。再如周燕孙（祖谟）先生，在赐给我您老人家的墨宝时，写的是"化文贤弟"。吴先生赐墨宝给山荆李鼎霞和我，写的是"鼎霞、化文贤伉俪"，"贤伉俪"是一种写给晚辈人的比较亲善的称呼，是不能写给平辈人的。把李鼎霞写在前面，是因为她从学于吴老师比我早两年之故，老师下笔是很费斟酌的。当然，我永远是几位老师的学生，明白人一看也知道是老师对学生的一种客气的称呼，对已毕业多年的老学生更是如此。还有，朱季黄（家溍）先生赐示，称呼我是"化文老弟"，这也表现出长辈对晚辈的客气与亲善。这在北大人以及我涉足的高级知识分子圈之内是通行的，不至于发生误会。

那么，我如何称呼我的平辈人呢？犯难了。称兄道弟绝对不行，那才容易引起误会呢！我的土办法是用俗称"老哥"。至于对比我晚一辈的，我照抄老师的办法，称兄道弟。对常来常往关系密切的老学生，嫡系女生则称呼"贤契"（不属于客气称呼），男生就是"贤弟"了。关系较为一般的还是称兄道弟。子侄辈的则称"世兄"。对中学、大学上下几班的同学，包括大学不同系的在内，一律称"学长"。

例如，对敦煌学界的朋友，凡是岁数比我小不到二十几岁的，如项楚、柴剑虹、赵和平、邓文宽、郝春文（排名不分前后）和敦煌研究院与我熟络的如李正宇、李永宁等位，一律称呼"老哥"。对樊锦诗院长，则称"学长"，盖以同出身北大之故。荣新江、刘方两位，则因实在太年轻，而且从大学一年级起就在李鼎霞主管的学生参考书阅览室书库里面泡，太熟识了——那时就判断这二位必成大器——所以虽然现在他们学术建树极高，也还是称呼"贤伉俪"了。这并不妨碍他们和赵和平等位论哥儿们平起平坐，咱们各论各的。对王邦维、葛维钧等几位，称为"学长"，这是从季希逋先生那里论起，实际上，他们是季先生的嫡系"弟子"，我最多是属于《后汉书》中所说"门生故吏"中的"门生"罢了。不过，我与他们绝对是同辈。

对于这类问题，吾师吴小如先生早有专文。例如，我所见到的，载于《读书拊掌录》（山西教育出版社1998年版）一书中的"长辈对晚辈的谦称""称'兄'道'弟'及其他"等篇就是。拙稿不过是老师大文的复述和添加些例证，有如大学课程笔试答题中默写笔记并加入一些新证罢了。

可是，推广开去，别人往往不认这个。例如，我给李正宇老哥的新著《敦煌古代硬笔书法》写书评，开头就称李正宇为"老哥"。即是用的这种土办法。当然，我比他大几岁，但是，我不是严格地按桃园结义拜把子计算的啊！文章发过去，那边就通过我的"贤契"杨宝玉传过话来，说是计算有误，非改成"老弟"不可。我又通过杨宝玉去解释，大概是她没有说明白，文章发表后一看，"老哥"还是变"老弟"啦！

我声明，我绝没有要比李正宇老哥长一辈的意思。也希望大家熟悉一下以上我说的这种惯例。附带说说新中国成立前的另一种惯例性作法：寄信贴邮票，要是倒着贴，里面装的是报丧讣闻或凶讯。现在我接到倒贴邮票的信件，往往习惯性地紧张起来。拆开一看，平安无事。给对方提意见，对方说，这是按照"福"字倒贴的惯例。然而，据我所知，老年间儿，倒贴"福"字仅限于粮食囤等极少处所。房门等处是不许倒贴的。双"喜"字更不能贴倒了。

2008年6月29日，星期日。紫霄园

2008年10月21日，星期二。增补

东岳庙与东岳

位于北京市朝阳区的东岳庙内成立了北京市民俗博物馆。2005年春节，博物馆开棺，并恢复了历史上极为红火的东岳庙庙会。有人问，这座庙供奉的是哪些位神祇？小孩儿没娘，说起来话可就长了。

先说说有关泰山、东岳和东岳的神祇的事。

中国向来有"五岳"的提法。古人以东方为初春万物始生之地，泰山是东岳，"祖阳气之发东方"，在五岳中地位最为重要，被尊为"五岳之长"（《风俗通义》）。"五岳，众山之宗；泰山，又诸岳之宗也。"（明代成化年间兖州所立《重修东岳庙记》）。秦汉以来的古代帝王，多在泰山举行"封禅"大典，证明当前自己的政权巩固，五谷丰登，四裔宾服，天下太平；祈愿此后永保大一统的统治地位。在中国上下各阶层的心目中，泰山是群山之首，异常崇高。

从现存文献中看，大体上也是从汉代起始，对泰山之神赋予一种特殊的任务：管理"鬼"。纬书《孝经援神契》中就说："太山，天帝孙；主召人魂。""东方，万物始，故主人生命之长短。"南北朝时写就的《洞玄灵宝五岳古本真形图》（托名"东方朔"所著）中更明确说："东岳泰山者，领群神五千九百人，主治死生，百鬼之主帅也。"

中国人，就说以中原地区老住户汉族为主的中国人吧，向来具有黄土高原一带居民的思维特点，比较心实，注重社会与政治问题，不太擅长当"逍遥派"①，干那些在密林中"经行"，进行"人天交接"之类的玄妙的思考②。中国古代人信神信鬼，可是对神鬼"敬而远之"。儒

①逍遥派：英语Peripatetics的意译，最早的译者是伍光建。这个词语有"巡回，遛弯"等意义。希腊伟大哲学家亚里士多德常率弟子在他于雅典的吕克昂创立的学院旁小树林林荫道上散步，同时讨论"本体论"等深奥的哲学问题。后称由此创立的学派为"逍遥派"。

②"经行"与"人天交接"："经行"是梵语 caxkramana的意译，意为在一定的场所如户前、讲堂前、塔下、阁下、闲处等清净处所往复回旋行走，同时"静思惟"。"人天交接"本事见于《高僧传》卷六《僧叡传》："昔竺法护出《正法华经》，'受决品'云：'天见人，人见天。'鸠摩罗什译经至此，乃言：'此语与西域义同，但在言过质。'叡曰：'将非"人天交接，两得相见"。'"我们在这里用这两则故事来说明，古代希腊和南亚次大陆的哲学家思考问题的重点多在于非社会性的本体论等。

家更是"子不语"。因而，对人变鬼后的去向并不深究，别回来作祟就行。后世子孙尽孝心，好好营办祭祀就是了。就说秦汉时代的人吧，对鬼的去处，只是把鬼往泰山一送，在"镇墓券"上刻明"生人属西长安，死人属东泰山"，就算交代清楚了。殊不知，起码有两大问题还没有认真考虑呢！一个问题是，鬼老是往泰山派遣，必然导致那里的鬼越来越多。鬼多为患，如何处理？另一个是，泰山之神领导下的政府，光是群神就有"五千九百人"，他们如何分工，建立什么机构，怎样"治鬼"？

这些问题，随着佛教在东汉开始传入中国内地并广泛传播起来，竟然逐步解决了。解决的方式是中国人接受外来思想的习惯性作法，即是：先接受过来，经过一段不会是太长的时间，就逐步地，尽可能地使之中国化，即本土化，也就是汉化。

原来，古代南亚次大陆经过两三千年孕育的神话中，形成一系列的阎王与地狱构思。阎王是阴间地狱之王。他的名字，梵语是Yama，音译为"阎摩"，加上"王"（梵语"rqja"的意译），成为 Yama_rqja,意译简化为"阎王"，半音半意译则是"阎罗王"。据说他与妹妹 Yam

（音译"阎蜜"）为孪生，是老日神Vivasvat（遍照者）①的子女，共同掌管阴间的事，故而又称"双王"，分管男女两牢狱，这就是地狱。地狱是梵语naraka的意译（音译"泥犁耶、泥犁"等）。阎王在阴间地狱中惩恶扬善，主管赏罚，其实还是刑罚为主，所以地狱中一片恐怖气氛，非刑名目众多，整得犯鬼"死去活来"。地狱划分成多种，佛经中所说有八大地狱，各有十六小地狱，合共一百三十六地狱。属于大地狱"无间地狱"（音译"阿鼻地狱"，"阿鼻"是梵语 Avīci 的音译）的，还有多种"十八地狱"，甚至有"五百亿地狱"等等。非常吓人！

鬼的去处，佛教有"六道轮回"的说法。即是，先划分出"佛道"，包括菩萨、罗汉等级别的，全都不再入轮回转生。其余的分列为天道（天神）、人道、修罗（一种恶神）道、畜生道、饿鬼道、地狱道（在地狱中受苦者）。众生按其前生善恶转生，轮回不已。这就解决了中国人老往东岳送鬼，可能导致鬼满为患的问题。

---

①Vivasvat（遍照者）：音译是"毗婆湿婆"。古代南亚次大陆古老神话中的日神。今所见最早的记录见于《吠陀》，说他是光明的化身，人类的始祖。据说，他娶创造之神陀湿多（Tva 2w3）的女儿娑罗尼尤（Sara z yu）为妻，生下阎摩、阎蜜兄妹，后来兄妹配合，生出人类。阎摩还首次下地狱探勘，决定人类死后去向。阎蜜跟脚也去了。

中国人对此种能彻底解决问题的思路，自然是欢迎之至。但是，中国人向来抵制全盘西化，而是在接受的基础上改造，于是，根据我们的民俗国情，迅速地将其中国化、汉化。当然，其中抵牾之处不是没有，不过大体上算是改造完成。简述如下：

东岳大帝，不能没有，特别是由于"封禅"等大典的需要，还得让中国人坐此宝座，并且累朝加封：唐封天齐王，宋代封至天齐仁圣帝，元代及其后累封至东岳大生天齐仁元圣帝。《三教搜神大全》等书还为之造出家谱、姓名与子女名称和他（她）们的职务等等[①]。这些都可归入基本上是道教而又带有大量民间宗教成分的祭祀之中，表面上与佛教关联不大。东岳大帝地位越来越崇高，小鬼们只有仰望的份儿。他越来越像在位而不理庶政的帝王了。地狱的管理者，自然而然地就落在阎王爷身上了。但是，按古老的说法，东岳究竟是众鬼之总汇。《四游

[①]东岳系谱：《三教搜神大全》和《搜神记（道藏本）》等大体上属于一个系统；《封神演义》等是另一个系统。北京的东岳庙糅合了这两个系统。如，《搜神大全》等书中，东岳大帝并不姓黄，他的第三个儿子被封为至圣炳灵王，其妻封永泰夫人。北京东岳庙中供奉的东岳大帝，也没有说姓黄。可是，他的第三个儿子是"炳灵公黄天化"，明显据《封神演义》等书的记载而来。但黄天化可是玉虚门下，没结过婚的。凡此抵牾之处，都显露出社会民俗不断发展变化的痕迹，不可死抠。

记·南游记》中有一种通脱的说法。东岳大帝对来东岳庙寻母的华光说："我这里只是人死了，在这里点名。却是阴司收管。"

汉化佛教造出"伪经"①《地狱十王经》（又名《佛说十王经》《阎罗王经》等），糅合天竺、西域和中国本来的办理丧事的办法，按"三日"以至"百日""周年""三年"的次序，安排十位阎王在十座地狱殿堂中分管，一堂一堂地过堂，看来量刑相当慎重。最后裁决，一个个打入轮回。就连阎王自己，因为只是神道，也不免轮回中走上几遭。阎王也是换届的呀！这可是中国小说等资料中有明确记载的②。不过，坐镇南亚次大陆冥界的阎王兄妹可没有换届一说，他俩至今在位子上还坐得挺稳的呢。至于阎蜜治理女子牢狱的事，到了华夏之邦，认为不合国情，暗中取消。当然，男女授受不亲，有些横眉立目的母夜叉类型的女牢头管理女监，也就是了。地狱中人员的配置，看来是参照阳间政府的安排行事。问案有判官，衙役有牛

---

①伪经：中国佛教经录称中国僧人自造而托名佛说的经典为"伪经"，在我们看来，其中社会民俗的记录极多，中国人极力改造外来事物的印迹触处皆是，有待我们深入挖掘。

②换届：中国小说中资料颇多，请读者自行拣寻。更有活着的人"入冥"当阎王的，中国作家的创造力可惊之至。

头马面等等。有的多少有点佛经中的依据。例如，《五苦章句经》中记载："狱卒名阿傍（旁），牛头人手，两脚牛蹄。力壮排山。"这就便于小说和图画作者等人依样画葫芦啦。画鬼容易，中国人还逐步完善了许多机构，发明了许多设置，安置了许多各司其职的"鬼员"，使得鬼府的故事更能自圆其说，堵住有疑问的人的嘴巴。例如，为刚刚逝去的鬼魂，设立了"望乡台"，教他们渡过"奈何桥"而无法还阳。我们接受了佛教传来的"轮回""三生"等思想，为什么人们忘记前生的事？答案是，往生前经过孟（梦）婆茶馆兼酒馆，接受了许多善于灌"迷魂汤"的年轻美貌女侍者的招待，喝了那种"黄汤"（只有能造花雕的中国人能以此为凭借想象出来）。判官执掌生死簿，还有一种"禄籍"，注明科举考试成就及升官发财情况，子女有无多少，旁及姻缘与露水姻缘①等事。特别还要注出的是一生吃喝多少，要是"衣食罐儿"满了②，可就归那世

---

① 露水姻缘：意思是，婚外情也是前生注定，姻缘簿里早就写好了的。清代袁枚《续新齐谐·露水姻缘之神》条："问所职司，曰：'言之惭愧，掌人间露水姻缘事'。"

② "衣食罐儿"满了：这是中国小说家的奇特构思。不说没有了，而说"满"了。这让我们想起了唐代郑处诲所著的《明皇杂录》卷下"张果"条中的能饮一斗的小道士，他喝酒喝到一斗，张果建议唐玄宗，说不能再喝了。唐玄宗非叫喝，结果道士帽子掉下来，酒从头顶溢出，小道士变成一个只能容斗酒的酒榼。原来"满"了。

去也！这也只有十分注重烹调饮食的中国人才偏重建立此种档案呐！这些帐本是建立在佛教传入的"因缘""因果"以至"报应"的思想基础之上的，可是掺入大量的中国社会伦理实事例证成分，特别强调"现世现报""不是不报，时辰未到"，借以震慑邪恶，唤醒痴迷。其中中国社会民俗与民族心理成分极浓，可惜至今深入探讨的学者较少。

阎王爷等阴间管理者也如阳世衙门官员，有上任，有下野。办错了事，撤职查办。东岳庙固然多归道士管理，可是夷考其实，世俗的亦即依托道教实则脱离正轨的民间宗教气氛极浓。为什么归入道教，有其道理。因为东岳大帝基本上属于道教神祇，道书中屡见记载。没听说东岳大帝有换届一说，可是，谱系、姓名、生平，记载不一。《三教搜神大全》中的"东岳传"所载谱系最全，说东岳大帝是盘古氏的十世孙，其母弥轮仙女梦吞二日，孪生二子。长子金蝉（蟾）氏，后为东华帝君；次子金虹氏，后为东岳帝君。金虹氏被伏羲封为"太岁"，执掌"天仙六（禄）籍"。于是以"岁"为姓，取名"崇"。可是，《龙鱼河图》一书中记载，东岳姓"元（玄）丘"，名"目陆"。不过，由于神魔小说《封神演义》流行广泛，深入人心，所以，大多数人脑子中的东岳却是武成王黄飞虎[1]。所以，民俗意味浓厚的大型东岳庙，如北京东岳庙中，以一座小型殿堂专门供奉他最杰出的大儿子，在《封神演义》中赫赫有名的"管领三山正神炳灵公"黄天化。

佛教不放弃在阴间地狱中救拔苦难的工作，地藏菩萨就担当起这一项任务来。但是，他好像最高法院的政委，以思想工作为主，不太过问具体问案的事。东岳大帝、地藏菩萨与十殿阎王的职责划分，恐怕大致就是这样子了。

东岳庙就是由以上儒释道三教外加民间社会风俗等等的混合物经过千百年融合而成的一座庙宇。各地的东岳庙，根据本地特点，还各有偏重。例如，泰山山脚下的岱庙，是东岳大帝驻跸根本所在，英国女皇的白金汉宫与之类似。所以，主要以表现"前殿后寝"的豪华和"出警入跸"的排场为主。东西两壁出警入跸的两大壁画就是说明。连供奉大帝的女儿的碧霞元君祠，也安设到泰山顶上去了，以免影响岱庙的主题发挥。北京的东岳庙，则

---

[1]武成王：唐代上元元年"追封"周代封于齐国的"太公望"（《封神演义》中的姜子牙）为"武成王"。到了《封神演义》这些神魔小说里，武成王就成为名不见经传的黄飞虎的封号了。

是元明清三代首都的敕建庙宇,清代道教管理机构道录司驻此,又是道教清微派的祖庭。因此,这座庙宇贪大求全,应有尽有。从早期记载中的"蒿里丈人",到逐渐添设齐全的"七十六司",各立专殿。这是一座综合性包容性极强的东岳庙。

碟仙与扶乩

　　读《万象》2011年第十期，其119页引《黄炎培日记》，记有1934年"碟仙表演"事。文章作者张荣明先生并且说："所谓'碟仙表演'，即是民间流行的'扶乩'。"

　　按，碟仙与扶乩，同属请神预示吉凶等事，旁及其他，有时带有"文娱"性质。但施行时有很大区别，不是一码事。此二者在港台等地区现在还相当流行，从网上看，似乎还有点变化，颇有"顺时而进"之势。听说，多少年前，港台等地还推出一部电影片《碟仙》，但是我没有看过，无从置喙。碟仙，我只能根据新中国成立前亦即20世纪40年代末期，我读高中的时候，接触到的一些情况，略述都凡。至于扶乩的事，大都是听李世瑜先生说给我听的，还参考了若干资料。李世瑜先生是我极为钦佩的前辈，给过我颇多的指导。可惜，于2010年12月29

日在天津已成先辈。李先生在其巨著《社会历史学文集》（天津古籍出版社2007年5月出版）中曾昭示读者："有关扶乩在中国的形式和起源的大致情形，参阅赵卫邦《扶乩的起源和发展》，北京《民俗学志》，卷1.I，1942，页9～27。"但此文我至今也没能找到，只能吁请有兴趣的读者自行寻觅，如果找到，能代我复印一份，感激不尽。来件经《万象》杂志转赐可也。

碟　仙

新中国成立前，我们家有一套碟仙装置，可能是20世纪二三十年代"请"来的。1947～1949年之间，我玩过多次"请碟仙"。碟仙是民国年间有点文化的家庭闲暇时爱玩的，或说愿意"请来"领教的。

碟仙，有两项设备。一项是一个瓷碟。直径约有12～13厘米左右。深度比一般小碟深，比小碗浅。碟的底部画有或在窑中烧制时即烧出一个粗眉大眼的人头像，碟的外部，正当人头像鼻口处，画有一个箭头或说指针。另一项设备，是一张正方形的大纸或绢帛（常装裱），约有四开纸那样大。当中留出放瓷碟的空白，四周为一层一层的同心圆状的密密麻麻的字，为常见常用的几千字，每字只出现一次。一般在三种地方售卖，一是小道观中，一在某些小书店内，另一则在某种大型"南纸铺"里。前两处较为公开，甚至做广告。南纸铺是以售卖中国手工造的纸为主的店铺，兼作装裱生意，是不太公开售卖碟仙的。有人提出要买，谈好价钱，从店堂后面取出，当面交割。

秦翰才先生《满宫残照记》中记有：

记得在十多年前，上海一带盛行碟仙之戏。据《内廷司房函电稿粘存簿》，宫中也曾购以为戏，照钞函稿两通：

迳启者：顷阅贵书局售有碟仙，本处欲订购二分，务祈用棉花包好，装于木匣内，速寄至新京宫内府内廷司房。其价款若干，务开发票一纸，随所购碟仙一并寄来。俟收到后，即将款寄去。奉天章福记书局。（康德七年［一九四〇］四月十七日）

今接到寄来碟仙二分，内中瓷碟压碎一件。见信再寄二分。此次千万用木匣盛好，勿使压碎。

（五月十八日）

这虽是一件琐屑之事，也更可见得溥仪的素性好怪好玩。

这就是典型的购买碟仙的事例。估计我玩的碟仙，也是这样从北京的隆福寺或琉璃厂一带的书铺里"请来"的。至于玩法，有人在网上说，要在晚上23点左右请，那时仙人来得快。最好是二女一男三个人一起请仙，还要先在纸上写好数目字和一些汉字。我估计他们用的那张纸上没有字，用的碟子也是空白的，与我们那种万事齐备的碟仙很不一样。我以为，那是新潮，我可不会玩那个。

我玩，往往就是自己一个人，什么时候想请仙就请。方法是：把那张字纸展开，把那个碟子倒扣于中央。心中默祷，请仙人下降。同时，把左手食指按在碟子一端（不可在箭头上下），一会儿，碟子就动起来了。手指别用力，跟着走。碟子转了一阵，不动了，看箭头指的是哪个字，用右手执笔记下来。接着可能再动，直到较长时间不动了为止。按碟子的人，最多也就只能三人。否则，转动快了，人挤人，会脱辐，反倒乱了。请仙者在碟子起始转动时即需提问，仙人每次也就指示几个字，停转后，还可再次提问，直到碟子很久不动，说明碟仙已去。仙示灵不灵，天知道。大约因为我以玩为主，仙人不怎么待见我，能动起来，就算赏我很大面子了，记忆中，请求解答的问题，不是所答非所问，就是不知所云。我以为，这是对仙示不能深入领会所致。当时我是高中男生，弟弟读小学玩不到一起，又无姊妹，只好一个人玩吧。当然，我从来在心底里是不信的，暇时消遣而已。

扶　乩

扶乩的操作，比碟仙复杂得多，得几个人协作，而且容许多人参与和参观。我从来没有见过扶乩现场操作。我对扶乩的所有知识，差不多全是李世瑜先生多次不倦地讲给我听，得来的收获，外加读的一些小说、笔记、野史之类的书籍中的生动描述。现在就摘要报告：

扶乩，可分世俗性与宗教性两大类。但施行起来差异不大，可以放在一起来说。专有一种以扶乩为职业或副业的人。他们能把神仙请来"降坛"。据李世瑜先生说，有的民间秘密宗教，自己没有这种人，还要临时现请。世俗性的扶乩，就更是如此了。据清代曾衍东《小豆棚》卷九记载，时居北京的一位巨公，迷信扶乩，门下有专门管扶乩的清客。这位清客辞去，临行前，巨公就请他代问，应请谁来继任。仙人说："公之中表庄培封与我有缘，可代也。"于是，从常州请来此人："庄北上，谒仙。仙降乩与庄叙旧，云：'三百年前，与君讲道庐山。临别时，我赠君玉环，犹相忆否？'庄茫茫莫对，唯唯而已。令居仙室中，如是者瓣香清供，相与共晨夕者，两易寒暑。"

扶乩，必须使用特制的"沙盘"，那是一个大小如小方桌的镶边木盘，铺有一层白色细沙。还要有一杆丁字形木质乩笔，往下的一头有尖儿。用时，手扶横头。常用两人，一人扶一头。民国初年易宗夔著《新世说》卷五："术士以木盘盛沙，上置形如丁字之架，悬锥其端，左右以两人扶之。神降，以决休咎，即书字于沙中，曰'扶乩'，与古俗卜紫姑相类。一曰'扶箕'，则以箕代盘也。……有《仙坛花雨》一书，多记降乩之事。"说的相当明白。附记：扶乩又称"扶鸾""降鸾"，大约取仙人鸾驾光降之意罢。

扶乩设备较多。要用一张大八仙桌，作为"香案"，上置五供，即一个香炉，一对花瓶，一对烛台。另备四至八个或更多果碟上供，供品有点心、时令水果、糖果等，全是素供，绝无肉食。左右各有小型八仙桌各一。一边的安置沙盘。另一边的放置笔墨纸砚及桑木剑（别的木质也行，据说不用桃木）一把。扶乩时，扶乩人用黄表纸画符

（只有他们会），口中念念有词（咒语，一般人听不清楚），以剑挑符，在明晃晃的插在烛台上的大蜡烛上焚烧。仙人请到，早已有人扶着戳在沙盘上的乩笔便动起来。大致像连笔的草书，只有扶乩人能认清，赶紧用书写用纸抄下来。抄完一段，用特制的小平板（很像具体而微的冬季推积雪的平板）推平，接着再来。桌前铺有拜垫，有信仰的，提问的信士，起始时跪拜，进行中、提问时也跪拜。但四周有不信的看热闹的人，容许站立一旁，如果中途想加入提问也行，那也得跪拜。不兴搅局的，捣乱者常被驱逐出去。最后，请来的神仙常常明示要走了，至少以乩笔不动来宣示此次扶乩完毕，于是念咒焚符送神。参与者可与请来的神仙通过口头叩问，笔答，进行互动。仙人每每笔示：将供品中之某物赐予某人。这可是最大的荣幸。一场扶乩完了，例由扶乩降仙的人收拾香案，剩下的那些供品，大致就让他卷包会了。以上所述，乃是最一般的情况，取其最大公约数。变数颇多。如清代赵翼《檐曝杂记》卷三记有，有一位王殿邦孝廉，家设仙坛，请仙手续简单，不用画符，只需念咒，然后"一揖便至"，"盖其家设坛虔奉已久，相熟习云"。

职业降仙者常有代代相传的秘本，录有许多在各种场合应付的诗词歌谣等等。要早早背诵，熟记在心。还有拜师学来的种种临时应对技巧。下举三例，以概其余。

清代沈起凤《谐铎》卷三记载，那时扬州大盐商附庸风雅，常常招致名士清客宴会。一位怀才不遇的马颠，"能诗，工词曲。而名不出里巷。薄游于扬，以诗遍谒贵游，三载卒无所遇"。一次，他硬闯进此种宴会，说自己会扶乩。盐商叫他扶乩。请来了明代状元康海（康对山），还有无垢大和尚、名妓卞淑娘，写出诗词曲多首。在座名士钦佩之极。及至马颠取出自己的作品集，众人皆言不佳。看到最后，那些诗词曲等全是马颠文集中的，"诸名士汗流气沮，匿颜向壁"。盐商赶紧请马颠上座，并嘱"讳言其事"。"马笑曰：'诗坛月旦，举世皆然，岂独公等。'于是交劝迭酬，尽欢而散。后诸名士推马为主盟。醝贾家争相延致，时以千金恤其家。而本领既大，心计转粗，不复能唱《渭城》矣。"

第二例可举鲁迅先生《彷徨》一书中"高老夫子"一文中涉及扶乩的一段。鲁迅先生是很懂扶乩的：

"我们的盛德乩坛天天请仙，兄弟也常常去唱和。础翁也可以光降光降罢。那乩仙，就是蕊珠仙子，从她的语气上看来，似乎是一位谪降红尘的花神。她最爱和名人唱和，也很赞成新党，像础翁这样的学者，她一定大加青眼的。哈哈哈哈！”但高老夫子却不很能发表什么崇论宏议，因为他的豫备——东晋之兴亡——本没有十分足，此刻又并不足的几分也有些忘却了。他烦躁愁苦着；从繁乱的心绪中，又涌出许多断片的思想来：上堂的姿势应该威严；额角的瘢痕总该遮住；教科书要读得慢；看学生要大方。但同时还模模胡胡听得瑶圃说着话：“……赐了一个荸荠……。‘醉倚青鸾上碧霄’，多么超脱……那邓孝翁叩求了五回，这才赐了一首五绝……‘红袖拂天河，莫道……’蕊珠仙子说……础翁还是第一回……这就是本校的植物园！”

“哦哦！”尔础忽然看见他举手一指，这才从乱头思想中惊觉，依着指头看去，窗外一小片空地，地上有四五株树，正对面是三间小平房。“这就是讲堂。”瑶圃并不移动他的手指，但是说。“哦哦！”“学生是很驯良。她们除听讲之外，就专心缝纫……。”“哦哦！”尔础实在颇有些窘急了，他希望他不再说话，好给自己聚精会神，赶紧想一想东晋之兴亡。“可惜内中也有几个想学学做诗，那可是不行的。维新固然可以，但做诗究竟不是大家闺秀所宜。蕊珠仙子也不很赞成女学，以为淆乱两仪，非天曹所喜。兄弟还很同她讨论过几回……。"尔础忽然跳了起来，他听到铃声了。"不，不。请坐！那是退班铃。""瑶翁公事很忙罢，可以不必客气……。""不，不！不忙，不忙！兄弟以为振兴女学是顺应世界的潮流，但一不得当，即易流于偏，所以天曹不喜，也许不过是防微杜渐的意思。只要办理得人，不偏不倚，合乎中庸，一以国粹为归宿，那是决无流弊的。础翁，你想，可对？"

真是入木三分。

最后一则，忘记从哪本书上看来的了，说是，乩坛旁看热闹的一个小流氓，嘻嘻笑，在自己手中写了一个字，请仙人猜。乩笔飞动，写道：

> 立似沙弥合掌，坐如莲瓣微开。无知小子休弄乖，是你出身所在！

郭伯恭和他的三部书

我对郭伯恭先生的渊博学术极为敬佩，但个人读书太少，对郭先生的生平所知又极为有限。仅在《河南文史资料》第23辑第169页上，见有马蜚声先生所写的一篇类似"补白"性质的短文，题目是"郭伯恭潜心著述"。全文不长，具引如下：

> 郭习敬，字伯恭，河南邓县城北蒋郭村人。民国八至九年，我们在邓县第一高等小学同学，以后各奔前程。一年夏天，过宁介之老师家，他说："伯恭家贫无力升学，走自学道路。他的新诗写得漂亮。"记得作家陈雨门所写《河南作家点将录》，内有郭的名字。民国二十二年，我与郭相见。他说，在北京住了四年，翻阅北京图书馆大量图书，写了一部《〈四库全书〉纂修考》，

史学家顾颉刚审阅后写了叙。此书由商务印书馆出版。后郭被邓县商会聘为文牍，又私人从事邓县志的纂修。邓县县长杨保东闻知，成立修志馆，以使志稿更加完善。郭为总编辑。越三年有余，全部完成，送杨审阅。杨见其中有叙内乡别廷芳祸邓一段，不同意，遂将志稿带走，从此无音讯。

按，郭伯恭先生的著作，我见到三种，即：

《〈四库全书〉纂修考》，署"国立北平研究院史学研究会出版，

商务印书馆发行"。版权页印的是1937年8月初版，已在"八·一三"上海抗战起始之时。"顾序"署1937年2月"顾颉刚序"（不是"叙"），自序则署1936年10月"于北平"（年月均由"民国"换算为公元，以下均同）。

《〈永乐大典〉考》，1940年1月长沙商务印书馆初版。自序署1937年3月19日。

《宋四大书考》，1940年2月长沙商务印书馆出版。"自跋"署1937年6月20日。

个人所见郭先生著作，仅此三书。但它们非同等闲，价值甚高。凡是研究宋代四种大型类书和研究《永乐大

典》《四库全书》的，在郭先生之后的人，均需参考这三部书，以之为贯通前后的中继站，或说是起点站。郭先生在这方面的起总结性的先导作用的研究，其覆盖学人，非一代也。

我想，前引马蜚声先生的文章，叙事的时间可能有误。证以前引几篇序跋的明确的写作时间，说明，郭先生大约是从1933年（民国二十二年）到1937年"在北京住了四年"，而马、郭两位先生相见，是在1937年春夏之间，即《〈四库全书〉纂修考》将要出版之际。"民国二十二年"乃是追溯那"四年"的话。看来，郭先生这四年在北京图书馆进行研究，就是在为编写上述三部书做工作。三部书脱稿的时间相差不到一年。大约后两部书稿交稿时抗战已经爆发，在上海无法出版了。可是，商务印书馆在长沙大火后那样困难的情况下，在抗战最艰苦的阶段，依然坚持出版后两部书，实在可敬！

必须指出，在那时写作这样需要大量参考资料才能写出的书，背靠北京图书馆是必要条件。当时，许多学者都是依靠北京图书馆，才完成自己的名山事业的。即以研究《永乐大典》而言，郭先生在《〈永乐大典〉考·自序》中点到几位前驱者：

光绪戊申（按：公元1908年）缪荃孙先生始为《〈永乐大典〉考》见《国粹学报》四十九期"文篇"，后收入《艺风堂文续集》卷四。记述较详。惟字仅逾千，阙漏仍多。后袁同礼先生袁氏《〈永乐大典〉考》见《学衡》二十六期，民国十三年二月出版，李正奋先生李氏《〈永乐大典〉考》见《图书馆学季刊》一卷二期，十五年六月出版，对于缪文稍有增补，而于是书之纂修及职官，录副与散佚，仍复语焉不详。

这三位都与北京图书馆有千丝万缕的联系，继起者郭先生更是靠阅读馆藏大批相关书刊才能写出自己的著作的。

作者来函：同等学力

《万象》编辑部的同志们：

　　承蒙在贵刊99期上刊登拙作《儿时北碚琐忆》，无任感荷。唯在111页上有"同等学历"一个专名词，我的原稿是"同等学力"。想系编辑部所改。近年各种书刊亦多作"同等学历"。此种提法越来越多。按，民国时期教育部有规定，凡投考初中、高中、大学及与其地位相当之学校，可以"同等学力"报名，不交任何证明。如某种中等专业学校（例如当时北平的"北平工业学校"及师范学校、幼稚师范、蚕桑学校）招初中毕业生。就可以用"同等学力"报名。考大学也可用此法。按照《中国考试大辞典》（上海辞书出版社2006年出版）130页所载的定义："指未经某一级学校培养考核毕业，而经过个人自学达到相同等级的知识技能水平"。也就是说，不需要任何证明。

新中国成立前以至解放初院系调整以前，任何招生简章都没有"同等学历"一词。这个词语不通。要说"同等学历"，那就是要等级相同的学历证明。可是，即以考大学而言，高中毕业证书之外，别的如师范学校、工业学校、农业学校等中等学校，均规定毕业后要在相应部门工作一年以上，在报考交验毕业证书的同时，须交验工作单位出具的工作一年以上的证明。如果这类学校的毕业生中有人刚毕业就不想工作，干脆以"同等学力"报考大学，入学后若查出，会受到处分的。总之，近年来杜撰的"同等学历"这个词语不通，原来是没有的。

中国人吃西餐

港澳同胞吃西餐想必较早，兹不具论。就说内地，以上海、北京和"五口通商"之地为例，姑就清季民初，即19世纪中后期至20世纪二三十年代末的情况，略加讨论。

我读了北大中文系教授夏晓虹女史的论文《晚清的西餐食谱及其文化意涵》（载于《学术研究》2008年第1期），收获极多。进而阅读美国高第丕夫人《造洋饭书》，初步了解了19世纪中期美国人的家常饮食和一般餐馆情况，以及她们企图推广此种餐饮，用来培训中国厨工的种种作为。窃以为，严格地说，此书讲的只是那时的美式家庭和小饭馆餐饮，其内涵比马克·吐温小说中写的美国小市镇饭铺强不了多少，并非典型的英法俄式等大餐。高第丕夫人写作《造洋饭书》，恐怕主要在训练为她们这样的家庭做饭的中国厨工。自然，中国人用来开座洋式小饭馆也未为不可。可是，要是按我们此文中下面所述去细细推究，这种饭馆在清季的上海、北京等地未必能开得起来。倒是为包括港澳等地的高级阶层洋人家庭、俱乐部等处服务的中国厨工，多少用得着。不过，要是单单学会这样的洋厨手艺，就得想一想，自己被辞退以后还能干什么？当然，还是避免失业为好。于是，给洋大人家庭和俱乐部干活的厨工想出一些法子来。其中之一是，熬咖啡时，在洋人（特别是英国绅士淑女）喝红茶时装红茶末的小型笼子里放上鸦片烟泡，咖啡中滚一滚，提出来。一泡可用百次，惠而不费。此后，那些洋人产生依赖性，再喝别人熬的咖啡，鼻流清涕，哈欠连天。回国的时候都得把提出移民条件的中国厨工全家带上。鸦片不能过关，带上罂粟花籽，到英国按盆栽花卉种植。这与某些四川火锅里放罂粟壳异曲同工。

中国人，特别是汉族及受其影响的少数民族，是最能吃最会吃的，而且最善于学习，见到自己没见到刚尝到的好吃的，马上就学。例如，过去从"西域"即西北少数民族处就学来了不少，食物如唐朝人爱吃的饆饠，食材如汉代进口的葡萄、苜蓿（人、马两用）等。清季，西餐挟帝国主义侵略之余威，驾临我国，自然迅速推广起来，成为一种时髦的高级的交际场合的餐饮了。

可是，中国人又是最会改造外来事物，使之与中国现实合拍的。起码是两头凑合。咱们在采用外来事物时，一方面适应它们，另一方面又在种种方面适当地改造它们，使之适合自己。

清季民初，"谴责小说"、"狭邪小说"盛极一时，反映那时中国人吃西餐的情况颇为真实。我们主要根据其中的描述，叙述一番。

一

西餐馆首先在上海出现，最早开设者据说是"一品香"。其店堂构造与陈设与中餐馆大不相同，与外国西餐馆也大异其趣。它分设单间，有的设有抽大烟的烟榻。最大的特点是可以大大地"叫条子"，正式名称为"叫局"，即用一种饭馆里备好的"局票"，传长三堂子的妓女来陪酒。幺二则上不了这里的台盘。附言：长三是头等妓女，身价颇高；幺二是次等，未入流。叫条子在上海盛行。长三堂子的妓女也有和姐妹们自行来吃西餐的。久而久之，于此等处吃西餐而不叫条子，似乎是"异数"了。外国人自然不参与这类事情，所以给他们专设单间。新到上海的名公巨卿，往往到这里聚会。土老冒儿初来，亲友招待，往往也选这样的地方让他们开开眼。许多政治、经济上的事情，生活中的纠纷，往往在此等处协商。

清季的北京是天子脚下，禁止官员狎妓。中国人开设的西餐馆陈设同样金碧辉煌，非一般人所能享受。叫局喊妓女犯忌。相公堂子里自设中式饭厅，做的菜比外面大饭馆要好，也不来西餐馆。《九尾龟》第一百五十四至一百五十五回，专讲托庇洋人门侧的东交民巷左首的一家"番菜馆"，牌号"凤苑春"的："极大的一座三层高楼，甚是宽敞"，寻春者"直到第三层楼上，捡了一个大房间坐下"。原来，此中设有密室，床褥华美，专为"一次情"的风流男女幽会之用。引述太长，有兴趣的读者请自行寻览可也。

20世纪二三十年代，不论何处，偷情男女在旅馆开房间司空见惯，西餐馆的上述功能消逝，正经营业起来，或公开或秘密的兼职基本结束。

二

中国人认为，吃西餐，除了牛排等常见食物，总得吃点特别的。于是，菜单上除了洋酒、布丁、西米、西点、冰激凌、红菜汤等特有食品，还出现了鹁鸽、鹌鹑、海鱼（如沙丁鱼、鳕鱼）等食材。其实，鬼子也未必认为那些是高级食品，特别是小型鸟类，他们也未必常吃。中国人老戆，追求新奇罢了。究其实，相对于中餐来说，鬼子的食谱相当简单，玩不出太多的花样。伏尔泰写小说《老实人》，描述老实人到了黄金国，在酒店里吃饭："先端来四盘汤，每盘汤里都有两只鹦鹉。接着，是一盘白煮神鹰，简直有两百磅重。然后是两只香美异常的烤猴子。一个盘里盛着三百只蜂雀，另外一盘盛着六百只小雀。还有几道烧烤，几道精美的甜菜。……斟了好几种不同的甘蔗酒。"这是鬼子中的最能想象的大名家所能想出来的好菜好酒，中国人得噗哧乐出来。就说那浑身是筋的鹰，渺小之极一炸即可化为焦炭的蜂鸟，能好吃么？能做得出来么？远不如烤鹌鹑现实。中国人研究吃，向来于实处下功夫。厨工做西餐的手艺，花样翻新，绝不比洋人差。《续孽海花》第五十四回论及此等事，内容摘录如下：

厚甫道："为什么这样的名贵？"翻译道："此地的老板，曾因研究法国的点心做法，他亲自到法国巴黎学了十余年才回来，开这个店。这'风月堂'三个字，还是伊藤公写的呢。"仲咨道："日本人为了吃西菜，也去法国留学，真也是小题大做了。"旁边一位参赞道："这也是日本人不可及的好处。无论什么事，都肯认真去学，不比我们中国人马马虎虎。"厚甫微笑道："当灶的也要留学，未免太费事了。"仲咨道："他要学我们中国菜，不讲别处，就是敝处广东的菜，恐怕也不容易呢。"大家笑谈了一会，韵甫就请他们入了席，果然各种菜十分精美，就是牛排旁边的一段烤番薯，颜色碧绿，脱离了番薯的色味，香甜可口，不晓得怎么弄的。各人啧啧称赞。临末开了香槟酒，各饮了散席。

再看看那时的点菜：

金慕暾看见了黄子文，赶忙让座。茶房泡上茶来，侍者又拿过纸片儿来，请他点菜。黄子文写了一样牛尾汤、一样沙田鱼、一样牛排、一样鸡、一样加利蛋饭、一样泼浪布丁。金慕暾问他用什么酒。黄子文道："谑脱露斯吧。"

菜名,《造洋饭书》中都有翻译,兹不具论。只有"谑脱露斯",问谁谁也不知道,后来问到留学美国的北大中文系王娟教授,她说,是一种"家豪威士忌"品牌的红葡萄酒。

再看看清季南京西餐馆的点菜情况:《文明小史》第三十四回,内容摘录如下:

> 四人跫到"江南村"西菜馆,拣了第二号的房间坐下。可惜时候还早,各样的菜不齐备,四人只吃了蛤蜊汤、牛排、五香鸽子、板鱼、西米补丁、咖利鸡饭。悔生格外要了一份牛腿,呷了两杯香槟酒。算下账来,只需三两多银子。悔生抢着会账,谁知毓生银子已交在柜上,只得道谢。

三

中国人吃西餐,早期有两大问题:一为禁忌,即许多家族沿袭不许吃牛肉。二是食具,即使用刀叉不习惯。

吃不吃牛肉，当时真真是吃西餐要过的第一关。且看《文明小史》第十八回的叙述：

　　姚文通一一请教过，别人亦一一地问过他，然后重新归坐。细崽呈上菜单，主人请他点菜，他肚子里一样菜都没有，仍旧托主人替他点了一汤四菜，又要了一样蛋炒饭。

　　一霎细崽端上菜来，姚文通吃了，并不觉得奇怪，后来吃到一样拿刀子割开来红利利的，姚文通不认得，胡中立便告诉他说："这是牛排，我们读书人吃了顶补心的。"姚文通道："兄弟自高高祖一直传到如今，已经好几代不吃牛肉了，这个免了罢。"胡中立哈哈大笑道："老同年！亏你是个讲新学的，连个牛肉都不吃，岂不惹维新朋友笑话你么？"姚文通还是不肯吃。康伯图道："上海的牛肉，不比内地。内地的牛，都是耕牛，为他替人出过力，再杀他吃他，自然有点不忍。至于上海外国人专门把他养肥了，宰了吃，所以又叫做菜牛，吃了是不作孽的。"周四海亦说道："伯翁所说的不错，文翁！这牛肉吃了，最能补益身体的。你是没有吃惯，你姑且尝尝。等到吃惯之后，你自然也要吃了。"

姚文通还是没敢吃。

这还是朋友之间的应酬。到了官场上，如何应付呢？

《官场现形记》第七回，写巡抚大人请客，这却是牵涉到牛肉禁忌和刀叉使用两大问题的。内容摘录如下：

> 丁师爷回来告诉了三荷包。三荷包欢喜不尽。连夜又把那位翻译请了来，留他吃饭，同他商量；又请他写了一张菜单，一共开了十几样菜、五六样酒。三荷包接过看时，只见上面开的是：清牛汤、炙鲥鱼、冰蚕阿、丁湾羊肉、汉巴德、牛排、冻猪脚、橙子冰忌廉、澳洲翠鸟鸡、龟仔芦笋、生菜英腿、加利蛋饭、白浪布丁、滨格、猪古辣冰忌廉、葡萄干、香蕉、咖啡。另外几样酒是：勃兰地、魏司格、红酒、巴德、香槟，外带甜水、咸水。三荷包看了，连说："费心得很！……"又愁抚宪大人是忌牛的，第一道汤可以改作燕菜鸽蛋汤，这样燕菜是我们这边的顶贵重的菜，而且合了抚宪大人的意思，免得头一样上来主人就不吃，叫外国人瞧着不好。那翻译连说："改得好……索性牛排改做猪排。"三荷包道："外国人吃牛肉，也不好没有。等到拿上来的时候，多做几分猪排，不吃牛的吃猪，你说好不好？"翻译又连

说:"就是这样变通办理。……"三荷包又叫把单子交给书禀师爷,用工楷誊出十几份来。

菜名翻译与今不同之处,亦请参看《造洋饭书》,兹不赘述。

《二十年目睹之怪现状》第七十八回,则有更进一步的描写,内容摘录如下:

> 制台看操;看过了操,就便在演武厅吃午饭,办的是西菜。谁知那位制军不善用刀叉,在席上对了别人发了一个小议论,说是西菜吃味很好,不过就是用刀叉不雅观。这句话被那位候补道听见了,到了晚上,便请制台吃饭,仍然办的是西菜,仍用的是西式盘子,却将一切牛排、鸡排是整的都切碎了,席上不放刀叉,只摆着筷子。那制台见了,倒也以为别致。他便说道:'凡善学者当取其所长,弃其所短。职道向来都很重西法,然而他那不合于我们中国所用的,未尝不有所弃取。就如吃东西用刀叉,他们是从小用惯了的,不觉得怎样;叫我们中国人用起来,未免总有点不便当。所以职道向来吃西菜,都是舍刀叉而用筷子的。'只这么一番说话,就博

得那制军和他开了一个明保，那八个字的考语，非常之贴切，是'兼通中外，动合机宜'。"继之笑道："为了那一顿西菜出的考语，自然是确切不移的了。"说的大家一笑。

这就把牛肉问题和刀叉问题一齐解决了。

四

到了20世纪二三十年代，大城市中吃西餐司空见惯，已是见怪不怪，且呈现变化多端形势。例如：

纯粹的某种西餐，如俄式、法式、英式，甚至意大利式、德奥式、美式，陆续登场。特别是俄罗斯式菜肴，逐渐通过白俄，由北而南地推行。赵珩世兄是一位吃主，他描述在俄国老太太那里吃饭的情况，活灵活现。我怀疑，他那把仿真手枪至今还藏在老太太的沙发里呢。他写的《中国西餐的嬗变》一文，堪称百年来西餐入华正史中的简史，务请有兴趣的读者参阅。具见《老饕漫笔》《老饕续笔》，亦不赘引。

上海等地，抗战前为适应白领上班族，推行一种简化的快餐"公司菜"。即，一份牛排或猪排，面包管够，红菜汤随便喝。那时一块大洋一份。这可称是快餐之滥觞。抗战时，日本人输入的日本洋式快餐"大定食""小定食"在沦陷区昙花一现。但与今日的"吉野家"等供应的颇为不同。

可是，吃西餐，餐馆内一般需要安静。有时还得正装，正襟危坐。颇有"朝服戎装对美人"之感。再说，某些西菜，土老冒儿吃不习惯。于是，一种中西混合的"西菜馆"在20世纪二三十年代应运而兴。上海人不吃这一套。北京土老冒儿倒以为相宜。

老舍先生早期著作的小说《赵子曰》第四章第三节中一段，写穿西装的洋化大学生武端和穿长袍大褂的老北京土老冒儿大学同学莫大年相遇，武端建议一起下饭馆，说："先上西食堂去吃饭？"莫大年却说："我没洋服，坐在西食堂里未免发僵。"武端就说了："那么，上民英西餐馆。你猜怎么着？那里全是中国饭，而且喝酒可以划拳。好不好？走！"于是，相偕到民英西餐馆去了：

远远地看见民英餐馆的两面大幌子：左边一面白旗，画着鲜血淋漓的一块二尺见方的牛肉，下面横写着三个大字"炸牛排"。右边一面红旗，画着几位东倒西歪的法国醉鬼，手中拿着五星啤酒瓶，往嘴里灌。……两人进了民英餐馆，果然"三星，五魁"之声清亮，大概因为客人们喝的是麦酒。柜台前立着的老掌柜的，把小帽脱下，拱着手说："来了，Sir! 来了，Sir! "（与他家的"四儿"同音）[化文注：想必武端当先进入]。摆台的系着抹满牛油的黑油围裙（"白"的时候已经岁久年深不易查考了），过来擦抹桌案，摆上刀叉和西式酱油瓶。简单地说，这座饭馆样样是西式，样样也是华式，只是很难分析怎么调和来着。若是有人要作一部《东西文化与其"吃饭"》，这座饭馆当然可以供给无数的好材料。……"吃什么? 大爷，Sir! "[化文注："大爷"是对穿棉袍的莫大年的招呼，Sir则是对着武端说的。可见，服务员一眼就看出"大爷"是掏钱的，所以先招呼大爷。这是老舍先生暗藏机锋的神来之笔，不可轻易看过]摆台的打着山东话问。乘着武端看菜单之际，他把抹布放在肩头，掏出鼻烟壶，脆脆地吸了两鼻子。……两个人要了西红柿炒山药蛋，烧鲤鱼，小瓶白兰地，冷牛舌头，和洋焦三仙（咖啡）。……又把摆台的叫过来，要了一个干炸丸子加果酱。

这里倒是练习使用刀叉的好地方：

　　武端把刀叉舞的漂亮而地道，真要压倒留学生，不让蓝眼鬼。

　　大体上在抗战胜利后，这种中不中西不西的姜子牙的坐骑——四不像，进了历史博物馆啦！

中国人穿西服

　　西装，或说西服、洋服，随着五口通商等中国门户开放，逐步进入中国人的日常生活。而且，除港澳等地不计，在内地，大体上是自南而北，从上海到长江上游，再北上到天津、北京。为避免过于叙述散漫，姑且主要环绕上海、北京两地，略作简述。

　　常人春先生是老北京的老旗人，见多识广。他写的《老北京的穿戴》一书（北京燕山出版社1999年出版），第六章"西装"，把清末民初直到解放初北京人穿西装的情况与历史说得一清二楚。建议有兴趣的读者一定要阅读参考。拙作只不过是常先生大作的一点小小的补充罢了。

　　《负曝闲谈》是笔名蘧园的欧阳钜源的作品，共三十回，最初揭载于《绣像小说》第6至第41期，即是从1903年

（光绪二十九年）夏连载至1904年（光绪三十年）冬。20世纪50年代以来，内地与港台出版有多种翻印本，请有兴趣的读者自己找来看罢，不多赘引。此书中，反映的主要是当时上海社会面貌。这类小说似乎暗中带有向各地来沪的阿木林、土老冒儿传授各种情况的意思，像是某种变相的上海指南。且看此书的第十四回：

　　李平等因问黄子文道："请教子文兄，在日本留学了几年了？"子文屈着指头道："有五年了。"平等道："那边的饮食起居如何？"子文道："学校里头，什么被褥、台椅、盆巾、灯水样样都有，不消自己办得。饮食要自己买、自己煮，也不至于十分恶劣，有碍卫生。"王开化抢着说道："现在这样的时势，岂是我们这种少年求取安乐的时候么？只要有益于国，就是破了身家，舍了性命，也要去做他一做，何况这区区的饮食起居上面？"黄子文听了，肃然起敬。沈自由接着道："黄大哥，你改这西装，价钱贵不贵呢？要是合得算，我们这班朋友通通改了，岂不大妙？就是竹布大褂，一年也可以省好几件哩。"黄子文道："说贵呢也不贵，不过在日本穿跟在上海穿两样。"沈自由道：

"这是什么道理？"

黄子文道："日本极冷的天气，也不过像上海二三月天气，买一套厚些的，就可以过冬。你们在上海，虽说是冬天不穿皮袍子，然而棉的总要好几层。不然，一出了门被西北风赶回去了。"

沈自由道："你不要去管它，我且问一起要多少钱？"黄子文道："常用的衣服，要两套，每套合到二十块洋钱，或是二十五块洋钱。软胎颜色领衣四件，每件合到两块洋钱。为什么要用颜色的呢？白的漂亮是漂亮，然而一过三四天，就要换下来洗。那颜色的耐乌糟些，至少可以过七八天。我看诸位的衣服，都不十分清洁，所以奉劝用颜色的。外国人有穿硬胎的，硬胎不及软胎适意。所以以用软胎颜色者为最宜。白领一打，合到两三块洋钱。领要双层的，不可太低，不可太小，不可过阔，阔了前面容易掉下来。掉下来沾着头颈里的垢腻，那就难看了。黑颈带两条，每条合到半块洋钱。纽扣一副，合到一块洋钱。厚衬衣三套，是冬天穿的，每套合到三块洋钱。薄衬衣三套，春天秋天穿的，每套合到一两块洋钱。软胎黑帽一顶，合到四五块洋钱。鞋一双，合到八九块洋钱。吊裤带一条，合到一块洋钱。小

帽一顶，外国名字叫做开泼的，合到一块洋钱。粗夏衣一套，合到七八块洋钱。"[化文小注：开泼是英文cap的音译]

黄子文说的时候，沈自由早在身上掏出一本袖珍日记簿来。这日记簿有枝现成铅笔，沈自由拿在手里，黄子文说一句，他写一句，就和刑房书吏录犯人的口供一般，等黄子文说完了，他的笔也停了。而且沈自由还会算学，用笔划了几划，便摇头说道："这么要一百多块钱！"黄子文道："我还是望便宜一路算的。"沈自由道："不行，不行！像我这样每月摸不到一二十块洋钱，哪里去筹这等巨款制备西装衣服呢？我还是穿我的竹布大褂吧。"黄子文见他说得鄙陋可笑，便一声儿不言语，做出一副不瞅不睬的模样来，沈自由还不觉得，坐在那里问长问短。

到底李平等阅历深了些，暗扯了沈自由一把道："天色快晚了，我们回去吧，改天再谈。"当下一齐立起身来。李平等掏出几角洋钱，会了茶钞，一哄而出。

按，中国人认识西服以至于穿起西服来，来路主要有二：一是由西方诸国直接传来，二是通过留日学生等自日本传来。留日学生多，且中日一衣带水，往来交流频繁，所以，日式洋服比较普及。

民国间陈赣一（1882~？）所著《新语林》卷一：

> 宋渔父长农林部，诣谒袁总统。袁睹其西服敝垢，因问曰："君着此服已几年？"渔父曰："留学霞本时所购，穿已十载矣。"袁嗟慨久之，赠以银折扣，曰："为数无多，可置新衣。"渔父婉辞不受，袁曰："何故？"对曰："贫者士之常，今骤贵，乌能忘其本？衣虽褴褛，体尚可蔽，奚必尚华丽？"袁叹曰："余生平阅人多，如君志节亦仅见也。"

袁世凯见过的使节和东西方大人物极多，宋教仁那一套日式大学生穿的破西服，如何能入他的眼！他想用小恩小惠来拉拢宋，宋不吃这一套。袁世凯应酬熟练，马上自找台阶，下得极有分寸。枭雄御众之术也。由此亦可见出，当时新派人物穿西服已经相当流行。

可是，清末入民国，直至迎接了解放的"遗少"类型人物刘声木先生（1878~1959），一生席丰履厚，蛰居治学，不与外事。1950年起始任上海文史馆馆员。《苌楚斋

随笔》是他的代表作,1998年中华书局出版。卷九"时髦三克主义"条,论及西服在中国之普及:

> 宣统辛亥以前,服西装者甚少,即有之,亦以中下等人为多,中人以上者不屑为之。九十月乱炽之时,举国若狂,竟以服洋装为时髦。避乱在沪之遗臣遗民,经济每多困难,平时出门,仅坐黄包车而已。时人集一联云:"革命巨子绿毡帽,亡国大夫黄包车。"甚工切。迨至十余年,约在乙丑、丙寅之间,以用三克为时髦,谓之三克主义。一,目戴克罗克,外国一种眼镜玻璃片名,译音如此。一,手拿司的克,西人抒手棒。一,口衔茄力克,乃西洋一种烟卷名,亦译音大致如此也。

其实,刘先生是漂移于遗老上层的少爷,所述带有片面性。不过,他记述的乙丑、丙寅之间(1925~1926),西式服装及其配搭在上海的大流行,倒是反映出一时的风气。

民国间籍贯青浦的老报人郁慕侠所著《上海鳞爪》一书,初版于1933年,新中国成立后有1998年上海书店出版社新印本。书中的记述有:

海上各种商店，不知怎样，都有聚集在那一块地方的，如石路之南是衣庄店，北四川路和霞飞路是西服店。

海上裁制衣裳的工匠，除普通缝工（即苏、广成衣匠）、红帮缝工（即专做西服及大衣工匠），尚有一种女裁缝。

称西服工人为"红帮"，请参考阅读刘云华女史《红帮裁缝研究》一书。

《北京市志稿》，抗战前夕由当时的市政部门开始组织编纂，经敌伪政府略作修订，稿本粗成，弃置无人过问。改革开放后重加修整，于1998年交北京燕山出版社出版。其中保留许多清末至20世纪30年代中期的官方搜集得来的材料。兹录出其"货殖志"中"卷三·工业一"之"西服成衣"一部分资料：

按，西服成衣，自民元前四十年，已有宁波人汪天泰者，随西人由上海北来。后乃有周天泰、刘同泰两家继之，获利甚厚。其工人纯为上海、宁波籍，绝无北方人。庚子后，继续开设者十余家，乃议兼收北方徒弟。

至光绪末年，乃有复兴号成立，此为北方人开设西服店之第一家。

"民元前四十年"，约当光绪八年至十年之间（1882～1884），各国在东交民巷设使馆之际。光绪末年，也就是1907～1908年左右之时，发展不算快。可是，二十多年以后：

> 京市西服店共有五十余家，已入公会者约三十余家，其洋货布店及成衣铺之代做西服者尚不在内。……二十年[化文小注：1931年]四月，始成立"西服装同业会"，店员约一百五十余人。……工友约共二百五十余人，内分两类：一为长工，按月给资。……月给工资约二三十元膳宿于店。一为短工，又名包件工，每套三件，约合五元四角。

这些记录，明确地证明了西服传入北京的历史，乃是第一手资料。我们引录的材料之前，还有中式成衣的记录说，中式裁缝每月工资大抵为十六七元，低于西服业职工。

按，在为旅游者介绍北京的指引类图书中，马芷庠先生的《北平旅行指南》乃承先启后之作，1935年初版，此后经改头换面改版者多次。1997年，北京燕山出版社用简化字重排方式重版，内容未动，书名改为《老北京旅行指南》。其中介绍"绸缎百货商店"，于"西服店"只介绍了两家。一家是位于东安市场的"宏大西服店"，是"民国二十三年（1934年）五月"新开张的。另一家是位于西单商场的"聚隆西服庄"，看牌匾"庄"字，似为老店。其他的几十家西服店均未介绍。笔者怀疑，这两家都是花钱买的变相广告。不过，这也说明，他们确实有实力。我在一篇纪念季希逋（羡林）先生的拙作中曾提到，我读中学时住翠花胡同，与住北大文科研究所的季先生斜对门。那时，经过耳濡目染，我对季先生极为崇拜。一次先慈与我和季先生对面走过，我对先慈说："瞧，德国西服！"先慈是留学法国学美术（油画和室内装饰艺术）的，却说："八成是王府井的手艺，有织补。"我后来想，这就是季先生出国前，在王府井东安市场不知是哪家西服店定做的了。20世纪90年代，我问过给季先生打点衣物的李玉洁老姐，她说，先慈说的对，旧衣尚在。可惜，当时没有请老姐看看西服上衣里面商店的标签，那是每套定制的西服上必有的。

有关20世纪二三十年代北京时髦青年穿西服的最为典型生动的记述，当推老舍先生大作《赵子曰》"第四"中的"3"：

武端穿着新作的灰色洋服，蓝色双襟大氅。雪白的单硬领。系着一根印度织的绿地金花的领带。头上灰色宽沿呢帽。足下一尘不染的黄色橡皮底皮鞋。胸脯鼓着，腰板挺着。大氅与裤子的折缝根根见骨地立着。不粗不细的马蜂腰被大氅圆圆地箍着。看不出是衣裳作得合适，还是身子天生来的架得起衣裳来。

他向莫大年端着肩膀笑了一笑，然后由洋服的胸袋中掏出一块古铜色的绸子手巾，先顺风一抖，香气四溢。然后按在鼻子上，手指轻按，专凭鼻孔的"哼力"，蹭蹭响了两声。这个浑厚多力的响声，闭上眼听，正和高鼻子的洋人的鼻音分毫不差。

莫大年像"看变戏法儿"似的看着武端，心中由羡慕而生出几分惭愧。武端在他眼里，已经是欧化成熟的新青年。

2012年7月28日，星期六。紫霄园

停车坐爱枫林晚

在古代，"坐"字作为一个法律术语冠顶字，与其下的词语联系在一起，说明犯了哪项法律或说哪种错误。下举数例：

《史记·魏其武安侯列传》（卷一百零七）：坐法去官。

《史记·酷吏列传》（卷一百二十二，引其两处）：坐小法抵罪免。 坐法失官。

《汉书·卫青霍去病传》（卷五十五，引其三处）：坐法失侯。 坐酎金失侯。 坐法免。

《北史》（卷三，引其两处）：安城王万安国坐法赐死。 东郡王陆定国坐事免官爵为兵。

《新唐书·李玄道传》（卷一百零二）：坐是流巂州。

《新唐书·长孙顺德传》（卷一百零五，引其两处）：

李孝常谋反，坐与交，削籍为民。　　寻坐累还第。

我们只简略地摘录了这么多，请读者自行寻览。

杜牧《山行》诗脍炙人口，其中"停车坐爱枫林晚"一句，读者不可马虎读过。其"诗眼"端在一个"坐"字。杜牧是在活学活用法律术语呢！盖傍晚路远，山径崎岖，竟然为茂密的枫林（"晚"字兼顾时间与丛林之深密）所吸引，停车观览。这是犯错误呢！犯的是"爱枫林晚"的错误。当然，这不是犯法，只不过是一种浪漫的"风流罪过"。杜牧不拘一格地使用法律术语，实在新奇！《杜牧集系年校注》中已经注出："坐，因为。"未作进一步探讨。拙见：活用某种术语，也是一种修辞手法，质诸当代修辞学家如首都师范大学张炼强学长，不知以为何如？

附说：《杜牧集系年校注》引何良俊《四友斋丛说》卷三十六："杜牧之诗'白云生处有人家'，亦有亲笔，刻在《甲秀堂帖》中。今刻本作'深'，不逮'生'字远甚。"极有见地。盖"生"字用于此处，生机勃勃，而且专注于一点，暗指将去归宿之处。"深"则迷茫一片，什么都看不到啦！

运斤成风

《庄子·徐无鬼》中有著名的一段故事,曾选入中学课本,尽人皆知:

> 郢人垩漫其鼻端——若蝇翼——使匠石斫之。匠石运斤成风,听而斫之。尽垩而鼻不伤。郢人立不失容。

我们要解释的是:

一、斧斤有别。一般解释"斤"为"斧子",精采尽失。按与把柄的关联,则斧子是一顺的,斤是横着的。斤与把柄的安装形式,有似当代锄头与锄柄的安设。当代瓦匠使用的一种"刨斧",庶乎近之。套用当代相声演员的话来说:斧是斧,斤是斤;斤不是斧,斧不是斤。

二、运斤的运字,不可轻易读过。"运",原意与车轮转动有关。呈直线车轮状转动者,可谓之"运"。车轮转!

三、"成风",是"运"动起来如风。

注意:匠石与郢人是对立着的,也就是相对站着。要是一顺立着,郢人就看不见"运斤"啦!毫无惊险可言。

下面再说,"垩"是白灰,乃石灰一类。"漫"是以水质调和体的垩涂上。一般说来,鼻尖沾上点儿液体,且得用手巾擦呢。这回可是用斤来擦,水漫而干擦!还得擦干净!匠石一方是"听",不以目视而专凭日常练就的技能来做,"顺手那么一来"。郢人一方则"立不失容",对面站眼瞪着面不改色。这是双方莫逆于心的高度合作之结果。

这就是"运斤成风"。

学习写诗与改诗

予生也晚，入北大时已在新中国成立后的1950年。我爱逗引大几级和毕业了的老学长"积古"（借用《红楼梦》中贾母的话），以下就是一段，传达错了，我也不负责了。

且说，新中国成立前，各高校中文系常开"诗词"一类的专题课。老师不仅讲解古人的诗词，有时也拿出自己的作品来讲讲创作经过，更有时让学生习作。一位老师姐那时还年轻得很，家住北京后门桥西，什刹海东边，一开门正对水边。于是，写诗：

儿家只在桥西住，十里残阳红到门！

这桥，实际上指的是当时桥下已无流水仅存桥栏的后门桥。她家大门临水朝西。

大师一见，激赏！并且，当即指出其不足："你这么年轻，不宜写出如此衰飒的诗句。"限令修改。

大师姐慌了神，不敢直接去问老师，去找老师的得意弟子兼自己的密友某大师兄。师兄说：主要是"残阳"衰飒，老师欣赏的是"红到门"。怎么改，没法办！

于是，只可再去找老师。师云："残阳"改"朝霞"。师姐还不觉悟，说；背光，光线无法照射。老师说：诗词写作，切忌写实主义！你不会搬家吗！

于是，改写成：

儿家只在桥西住，十里朝霞红到门！

这桥，就不是后门桥啦，改在后海的银锭桥了。银锭桥紧靠什刹海西岸。如果住在那里，在银锭桥后面，大门肯定朝东。

不料，老师又说了：你刚跟我学过杜诗，怎么连杜诗的精髓一点也没有体会？接着改去！

大师姐蒙啦，赶紧找大师兄问计。大师兄沉思片刻，说：杜甫诗歌以气象阔大著称，爱用"百年""万里"。

于是，接着改为：

儿家只在桥西住，万里朝霞红到门！

通过了！师生皆大欢喜！

2013年1月11日，星期五。紫霄园

声与响

1981~1983年间，因参与中央电视台、《文史知识》杂志、北京团市委等单位主办全国春联有奖评选活动，得以亲近王了一（力）老师。有时偶然侍坐，得聆绪论。

一次，谈到高考语文题。王老师说，怹出过这样一道题：

> 《列子·汤问》：薛谭学讴于秦青，未穷青之技，自谓尽之。遂辞归。秦青弗止，饯于郊衢，抚节悲歌，声振林木，响遏行云。薛谭乃谢，求反，终身不敢言归。

这大约是1965年王老师参加高考出题小组时出的题。怹大约对出这道题很得意。话及时已是"文革"经历沧桑后，要是"文革"前，我自惭形秽，自觉没有登堂侍坐的资格。此一时彼一时，王老师见我尚能敬师，有时也能插科打诨博老师一笑，在我不多的几次晋谒中，爷儿俩往往谈点有关文化的闲事。这次是聊高考题，老师主动言及。我趁杆儿往上爬，赶紧称颂此题之妙。

爷儿俩议论：此题中有关古今汉语"微殊"之处颇多，但是，略懂古代汉语的聪明的中学生，即使不知微殊之处，从上下文也能蒙出十之八九来。例如："穷"乃"穷尽"之义；与下文"尽"字对应。古代"弗，不"用法有别，这是经丁梧梓（声树）等位先生早在20世纪三四十年代专文阐明过的。不过，在此题中不算难点。"郊衢"是四通八达的郊区大道，在此处饯别，乃当众宣示——进而就要公开表演啦。"抚节"是轻轻地抚摸拍板，并有因物及人的爱惜之意，一忧继承无人；另一方面，"悲歌"时不用拍板"击节"，含蓄表出技艺水平之高。"悲歌"是颇动感情的慷慨激昂的歌唱，唱的可不一定是悲伤的歌曲。这些全是"地雷"，翻译不好，就蹚上啦。最大的微殊在"声""响"。声是声音，响是回声。这两处答对了，虽不中，不远矣！我趁机打诨："单独的一棵树挡不住，非树林子不行。先横向，后直上，成九十度角。"老师不觉莞尔。下面"谢"字义为表示道歉并有改悔之意，而非今义"感谢"，也算不大不小的一颗地雷。

我又说，这题的思想教育意义极好，是告诉学生，你们还差得远呢，别自高自大，一辈子都应恭恭敬敬地向老师学。经过"文革"，这问题益发突出了。老师真有先见之明。这一下触发了老师的隐痛，真有点欲哭无泪的意思了。我赶紧往别处引，说："抚节"是自己掌握家伙点，不用家伙。可谓能人。我读中学时，一位高年级学长擅骑自行车，车把拧下来置于家中，每日提溜出车来，放在马路上，飞身上车，无把骑行上学。警察不许，说："非有车把不可！"第二天，这位学长就扛着车把上路。我这么一聊，算是把老师的惆怅给缓解啦。见好就收，赶紧告辞。老师说："以后要来！"

书归正传，这回咱们讲的是"声"和"响"，特别是"响"，它在古代汉语中，通常条件下，指的都是"回声"。王维诗中颇能用"响"，比用"声"在某种情况下更能表现出幽深杳渺之意境。下举数例：

空山不见人，但闻人语响。（《鹿柴》）注意：山谷回声。

山静林逾响，松高枝转疏。（《赠东岳焦炼师》）

注意：只听见树林被风吹得刷刷的回声在山中传播。

谷静秋泉响，岩深青霭残。(《东溪玩月》)注意：只听见泉水的回音，还没有看见泉水呢。

谷静惟松响，山深无鸟声。(《游感化寺》)注意：声、响对举。

万壑树参天，千山响杜鹃。(《送梓州李使君》)注意：没瞧见杜鹃，只听见叫声。

王维直接听见的声音呢? 举例：

林下水声喧语笑，岩间树色隐房栊。(《敕借岐王九成宫避暑应教》)

声喧乱石中，色静深松里。(《青溪》)

人作殊方语，莺为旧国声。(《晓行巴峡》)

一经比对，便可见出"声""响"之区别。

说了半天，前面的铺垫太多了，真是座大于像啦! 但还得唠叨几句：上次汇报"坐"字在杜牧诗句中由正规法律术语转用为"风流罪过"的顽皮用法。王维似在杜牧之前更为俏皮的用过：《桃源行》："坐看红树不知远，行尽青溪不见人。"因为贪看红树，连远近都忘了。真乃物我两忘之风流韵事。"坐"同时又与"行"对应，形成对偶。这样的多种修辞手法并用，出于当时只有十九岁的少年，王维诚乃天才也！

红烛背

韩偓《闻雨》："香侵蔽膝夜寒轻，闻雨伤春梦不成。罗帐四垂红烛背，玉钗敲著枕函声。"（《全唐诗》卷六八三）这是描摹少妇辗转无眠的情景。

词作中，"红烛背"、"银烛背"、"银灯背"、"灯背"等词语常见：

"红烛背，绣帘垂，梦长君不知。"（温庭筠《更漏子》，载于《花间集》卷一）这是希望在长长的梦境中遇见那位亲爱的。客观地观察，未必能睡得着。红烛背，绣帘垂，都是给入梦做准备呢。

"翠屏敧，银烛背，漏残清夜迢迢。"（鹿虔扆《思越人》，载于《花间集》卷八）可说是上一则的注解：就是睡不着呀！

"云鬟半坠懒重簪，泪浸山枕湿，银灯背帐梦方酣，

雁飞南。"（顾夐《酒泉子》，载于《花间集》卷七）折腾
到后半夜方入梦。

"山枕上，灯背脸波横。"（顾夐《甘州子》，《全唐
诗》第十二函第十册）这是描摹躺下就枕的情形。

"红烛背""灯背"，如何使之背？拙见以为，这是使
用了带有屏蔽作用的灯烛台座。《文史知识》2013年第7期
载有王冕、曾维华两位先生的大作《汉代的灯具》，其中提
到著名的窦绾墓出土的"长信宫灯"（附图21），仿鼎形灯
（图17），雁鱼形灯（图20），均带有可以转动、严密屏蔽
的灯罩。吴少华先生大作《古灯千年》（百家出版社2004
年出版）的84页中介绍了一种清末的带大花朵形屏蔽的油
灯（有附图），和当代的某些盖碗形台灯造型颇为相像。此
书中还介绍了上海的古灯收藏家童正华和李银伟二位先
生。如果像两位先生这样的收藏家能多为大家伙儿多提
供点儿实例，特别是唐宋以至清代的实例，那该多好！

倘若我们的设想落实，那么，上引"红烛背"就是：
新婚之夜，不许灭灯烛，但须把带有屏蔽的"红烛"转到
背对合欢床。其他的情况可类推。

"梦里分明入汉宫，觉来灯背锦屏空，紫台月落关
山晓，肠断君恩信画工。"（《惆怅》）此诗作者有王涣、

朱庆余二说。《全唐诗》六九零卷作王涣,《唐诗纪事》卷六六中"王涣"条下有之。《才调集》卷七所收入王涣名下。卷八又引作朱庆余作,今不从朱作说。这是一组组诗,共12首。我们所引为最后一首。每首替一两位古人"惆怅",但因其中掺有刘晨、阮肇等事,被后来的"咏史诗"研究者划在区外,不予置评。

在下读此诗的读法,重在第二句。这样读:觉来"灯背""锦屏"空。"灯背",早已成为男女欢会的暗喻;锦屏,则是修辞格中的"以部分代全体",喻指中国贵族房舍中的种种华丽家具布置等等。二者合在一起,很明显地表现与汉家帝王欢会的梦境。可是,醒来成"空"。眼前的只能是"紫台"(连着"朔漠")月落"关山"(从来指的是西北塞外)晓,这组组诗的最后一首的最后一句似乎带有总结性:"肠断君恩信画工!"——不认真人哪!

我据本师周绍良先生遗著《唐才子传笺证》和傅璇琮大学长主编的《唐才子传校笺》来看看王涣生平。王涣传记在《唐才子传》卷一零,这一段《校笺》乃周祖譔、贾晋华两先生所作。看来,王涣(859~901)生当乱世,颇有才名,极思用世。他三十多岁登第,立即"首唱感恩长句,上谢座主",希求荐引的心情真有一呼即出之势。不过，那是乱世，朝廷上下一片混乱。他辗转末僚，终究被挤出，到"南海"当幕僚，走到距广州"一舍之地"的金利镇，病亡。他这一生，多少有点怀才不遇、长才未展。"惆怅"诗作于何时，不明。朝中有人嫉妒他，说坏话，恐怕难免。这组组诗以"肠断君恩信画工"结束，有意，无意？不能起而问之矣！

灯背，是使带有特殊屏蔽构造的灯烛具背对自己，一般说来，全是设想或说描摹男女欢会。"背灯"，却是自己主动背对灯烛，背对何种构造的灯烛均可产生如此效应。一般说来，唐宋诗词中"背灯"的差不多全是女郎，也是为男女私情之事：

韩偓《浣溪沙》："背灯初解绣裙腰。"

贺铸《浣溪沙》："背灯偷解素罗裳。"

牛峤《菩萨蛮》："收泪语，背灯眠。"

柳永《满江红》："唯有枕前相思泪，背灯弹了依然满。"

值得注意的是：散文中，例如文言笔记中，使用"背灯"比较宽泛，不限于男女私情之事。《续玄怪录》中"房玄龄"条，说房玄龄和杜如晦"背灯就寝"，还有常见的词语"背灯危坐"等等，往往与男女之事无关。

札

记

从《古今图书集成》影印新版说开来

世界上现存最大的完整的类书《古今图书集成》，最近由齐鲁书社按原貌影印出版了。这是中国古籍出版与印刷界的一件大事，可喜可贺！作为图书馆学界的退伍老兵，不免也来饶舌几句。

《古今图书集成》是现存完整的类书中最大的一部。类书这种体裁的书籍，是中国人的发明创造。西风东渐以来，有人说，类书就是中国类型的百科全书。窃以为，这种说法的弊端有二：其一，有点崇洋媚外的嫌疑。中国类书的出现，一般认为始于魏文帝曹丕年间（220~226）编撰的《皇览》（现已佚失）；现存的最早的完整的类书，是梁武帝天监十五年（516）宝唱等奉勅编撰的《经律异相》。西方的真正意义上的"百科全书"，公认始于法国1751~1772年编撰出版的《百科全书》。其实，就连"百科全书"这个词语翻译引进中国，也还是19世纪末年的事情呢！中国人并没有参考一千四五百年后外国编撰百科全书的模式来编制类书，说类书是中国式的百科全书，有点强迫穿龙袍的戴西方大礼帽的嫌疑了。

其二，从编纂方法上说，百科全书立足于"编"，即利用各种材料，自行撰文。而类书，则是抄撮材料编在一起。一个国家或民族，只要具备一定的经济基础、文化水平和专家队伍，就具备编纂百科全书的条件。本国或本民族倒不一定得有多少自己的文化典籍积累。即以美国而言，立国甚晚，本国古代文化典籍有限，可是，能够而且已经编纂出多种百科全书来。其他各国亦莫不如是。编纂类书则不然，非有自己的大量文化典籍积累不可。不然的话，抄都抄不出来，没处抄去。所以，中国人能编纂出上万卷的类书来，暗中就显示出咱们的文化积累和图书典藏以及组织编纂和使用能力来了。当中国人接受西方影响，停止编纂类书而向新型的百科类型辞典过渡之时，好胜的日本人一面向西方辞书家学习，一面却编纂起本国的大型类书《古事类苑》来。此书自1879年开始编纂，1914年标志全书告成的索引部分出版，历时36年，成书1000卷，为《古今图书集成》的十分之一。可以看出，他们的典籍基础限制了成书的规模。

从中国印刷史的角度看，《古今图书集成》原书文字部分由铜活字摆印。中国是活字印刷的发明国，但铜活字印本至今仅存二十余部。《古今图书集成》是其中最大的、最好的一部。此书配有木刻版画等6244幅，是一部最大的也可称为最好的中国类型木刻版画集。此书的表格也是中国传世古籍中最多最好的。因此，此书堪称中国印刷史和版画史上的里程碑式典范作品。

《古今图书集成》初版行世至今，已近三百年。据调查，原印本64+1（样书）＝65部中，完整与完好的只有四部左右。它的后续的印本可分为三个系统：光绪十四年（1888）在上海用扁体铅字排印的本子，未经仔细校对，不为学人所重。光绪二十年（1894）由"总理各国事务衙门"出资，在上海以石印法影印的一种版本，有大量描润，典型例证如，其中乾隆以后皇帝名讳均按避讳改过。再一种就是1934年中华书局胶版缩印本。因其成本低，成书占地少，便于实用，因此，后来多次被海峡两岸各出版社照方抓药。当然，比照原书，它有点太寒酸了。

这次，齐鲁书社在颇具文化眼光的出资者的大力支持下，在国家图书馆善本部化馆藏为千百化身的极力配合下，得以按原汁原味，采取恢复原书原貌的影印方式，使海内外能较多地接触到盛世修书的原貌，显示大国文风，实在是一项新的盛世中的文化壮举。

附带说一下，这种作法，直接刺激和带动了我国传统手工艺造纸印刷装订以至绫锦等一系列工业的发展，关系到我国独创的传统手工业的兴亡！江苏省金坛市古籍印刷厂多年来惨淡经营，不计盈亏，为中华民族的文化事业作出贡献，功不可没！

《全汉赋校注》评介

北京大学中文系原系主任费振刚教授，带领与之有学术关联的几位学者，多年教学与潜心研究的成果之一，就是"全汉赋"。"全汉赋"这个专名词，原来在中国文学史研究与著述中是没有的，是费振刚教授首先创造与提出，经过学术界认可的。笔者经常手执20世纪60年代出版，尔后不断再版，已成经典的四卷本《中国文学史》，对后起英才说，要学习费振刚教授全盘掌握中国文学史研究的宏伟魄力。费教授研究中国文学史，以第一段即先秦汉魏为重点。汉赋则是他重点中的重点。较早的结集有《全汉赋》一书，也是由费振刚教授主编，1993年由北京大学出版社出版过的。当时奠定了"全汉赋"这个专名词的地位，更奠定了费教授在全汉赋研究中的权威地位。

《全汉赋》一书早已售缺。费教授等位本着精益求精、与时俱进的精神，经过多年积累，不断努力，如今竟然推出面貌一新的《全汉赋校注》，集标点、校勘、历代赋评、注释、今译于一书。诚乃无前佳作，决为传世异书。

窃以为，此书的优点与特点，可以"齐、大、全"三字概之。

所谓"齐"，可以有多种解释，也就是说，有各种各样的"齐"。一种是齐备，或者说是齐全。即是，对于一部古籍整理的书来说，举凡能使用的手段，全都使用上了。如：

原赋作者介绍，比通行的选本中"简介"要详细得多，几乎是一篇夹叙夹议的小传了。

古籍正文校点，乃是行家里手，自不必说。

校注，几乎达到繁琐的程度。要放到"文革"中，仅此一端就得挨批。但是，就以大赋为例，前人早已指出，在没有字典的时候，许多人是拿它当字词典来阅读的。它几乎是那时的简约性百科全书。当代非本专业青年读了，更如读天书一般。非详注不可。实在是不得已也。注起来的繁难，可想而知。笔者以为，能注汉赋者，基本上就能注所有的古代文献了。近代以至现当代文献别有一工，另说。译文，这是最较劲的部分。下走以为，古籍今译，至今为止，是困难最大的古籍整理环节。一点也不能藏着掖着,译者水平高低全摆在那里了。今译汉赋,比译诗歌更难。此书较好地解决了译文"信、达、雅"的问题,我看,堪称古籍整理中又打好了一次大战役。

"历代赋评",是一个新栏目。它等于一部汉赋作家作品古代资料汇编。一位刚入门的研究汉赋的青年,手此一编,连同费教授专为此书总揽汉赋研究全局的《前言》和交代近年来汉赋研究情况的《后记》一起,彻底学习一两遍,则文学史中汉赋部分算是完全掌握,堪称汉赋研究小专家矣!

所谓"大",窃以为可从三方面见之:

一是部头大。这是一望而知的事。

二是集大成。这从上述"齐"的剖析可知,此书前无古人,而又集前人研究之大成。

三是百年大计。各大小图书资料馆、室内,有此一部,足敷读者查阅与研究汉赋之需要。有心独立长远研究的学者与上进青年,手此一编,无烦另求。我就想购藏一部,以备不时查检呢!

所谓"全",可从以下各方面见之:

一是,此书收纳全部知见汉赋,至汉献帝建安末年为止。过去,一般研究者的著作,习惯把建安时代阑入魏晋,未可厚非。可是，作为收揽汉赋全局的一部总集，自然是多多为善。建安时代，至少从名义上，汉朝还没有亡国呢！

二是，附有研究者必须用到的《汉书·艺文志》中登载的汉赋目录，以及本书编撰者提供给读者采择的"辨疑"等等。此虽小节，却可具见编纂者的学识与为读者着想的纂辑意匠。

三是，必须指出，广东教育出版社的负责人和责任编辑同志十分周到细致。他们特别设置了"本书校、注、译者简介"一个栏目。作为一部大书，这种作法比在护封或封二、封三上简单地粗加列举要大方得多。而且，虽说是"简介"，因为有篇幅，可以展开，所以介绍就比一般的简介要详细。窃以为，这是极好的事，特别可以鼓舞后学，使之略知前辈风范，以便学习。这是亟宜大力提倡与推广的。特别在大型书籍中，更应如此。缺乏编纂者照片，是一憾事。更应提出，责任编辑等位不应总是当无名英雄，也应划出一定篇幅，为之介绍。

总之，此书一出名世，盖无疑义。下走与编纂诸君忝在友谊之列，得快先睹，不能已于言，因草此献于广大读者。于此书亦聊当前军旗鼓云耳。

2005年2月18日，星期五，北大承泽园

读《宋僧录》杂识

李国玲女史新著《宋僧录》，煌煌两巨册，120万言，已由北京线装书局正式出版。

《古籍整理出版情况简报》1994年第12期中，曾揭载拙作书评《评〈宋人传记资料索引补编〉》，推介李国玲女史编著的另一本书。其中有一些话，可以引来作为读《宋僧录》的注脚：

《宋人传记资料索引》(以下简称《索引》)一书，系我国台湾学者昌彼得、王德毅、程元敏、侯俊德等人所编，1974～1976年间由台北鼎文书局出版。1977年起，王德毅陆续加以增订。1988年，北京中华书局出版了王氏增订本，凡六册。第一至五册为索引正文，采用宋人文集347种，元人文集20种，总集12种，史传典籍

90种，宋元方志28种，金石文字8种，总计五百余种。此外，还参考了有关的单行本年谱、事状、言行录、别录以及期刊中属于传记性质的文字等多种。搜罗到的宋代人物达两万二千余人。比此前出版的燕京大学引得编纂处所编《四十七种宋代传记综合引得》多出一倍以上。更有进者，《索引》采用了一种新的编纂方法，就是：凡人物中有事迹可述者，都根据所集材料写成小传。这就使此书具有人物词典的功能，可说是"一身而二任焉"，在索引工作中是一种新的创造，大大地提高了此书的学术性，扩展了它的使用范围。此举曾备受索引编纂学界称道。第六册为《宋人别名字号封谥索引》，对于直接利用宋朝史料的人极为有用，不能把这一部分仅仅看成是只供本索引使用的附录，它有独立存在的使用价值。

　　无独有偶，1994年8月，四川大学出版社又出版了李国玲女士编成的《宋人传记资料索引补编》(以下简称《补编》)。

　　古典文献学界尽人皆知，四川大学古籍整理研究所正在倾其全力编纂《全宋文》。主持该所资料室工作的李国玲女士是有心人。她根据编纂《全宋文》普查的万种以上图书、碑刻拓片等资料，又着重补查了《天一阁藏明代方志选刊》《名贤氏族言行类稿》《宋大诏令集》《嘉泰普灯录》等重要典籍，编成此书。她以披沙拣金的方法，从万种以上资料中选用千余种，其工作量十分巨大。所得材料，有些极为珍贵。特别是近几十年出土的墓志录文，各大图书馆秘藏的拓片等，均为首次大量编入这类工具书。从这一点来说，也可说是一次创举。《补编》体例大体遵循《索引》。对《索引》已收的人物，凡有新材料者，《补编》标明原书页码，补录相关资料，计补充资料者六千余人；新增人物则列出资料出处，并撰写传略，计新增一万四千余人，二者合计，增补两万余人，接近原书所收人数。书后也附有"别名字号索引"，其作用与《索引》的那一部分相当。

此二书合用，大致能将概括搜寻宋朝人物的范围。

笔者认为，我们一定要看到李国玲女士从事此项工作的艰巨性、复杂性和重要性。只有理解这一工作重要性的人，只有心无旁骛献身学术的人，才能数年如一日，耐得住一般人难于承受的枯寂，才能保证完成这一精密细致的工作。其次，我们还应该学习李国玲女士，她一方面能看出这一工作的重要；另一方面，能细心拣择，使竹头木屑均化为有用之材。如此大量的披沙拣金的细密工作，非胸罗万卷者莫办，亦非心细如发者莫办。稍一疏忽，便会漏掉眼前的宝贵资料。可惜能耐此寂寞踏实地从事索引编纂的学者太少。

我为什么引了这么多，因为这篇拙稿发表于专业内部刊物，见过的人不多。不过，使用过上述这两部书的学者很多，大家马上可以据而推断出，新出版的《宋僧录》的性质与编纂方式，与此二书的编排方式完全相同，只是如书名所示，它是一部宋代僧人的传记与传记资料的"索引"兼"辞典"罢了。

我读了《宋僧录》，很为李国玲女史的新成绩而欣喜，因而产生许多感想和想法。分别汇报如下：

工具书，简括地只就佛教的工具书来说罢，在有关僧人的词条中，先写简明小传，后列参考书籍资料，似乎早就有这个传统了。例如，日文的《望月佛教大辞典》，在某位僧人的专项词条的最后，一定尽可能地列举多条出处资料，供读者进一步学习研究时参考（别种词条只要能作通常也这么作）。台湾省佛光山编纂的《佛光大辞典》，规抚了日本人的这一作法。当然，这些辞书所收的都是著名的有过巨大贡献的僧人，至于全面的从古至今的尽可能搜罗进来的僧人与居士等人的佛家人物传记辞典，日本人为他们本国七众编写的，大致也沿用此法。我国上海辞书出版社1999年出版的《中国佛教人名大辞典》也采用此法，读者称便。这就说明，此种在辞书体书籍的小传词条后附加参考资料的编写方式，乃是"古已有之"。不过，参考资料大体上是作为正文的最后一部分，并不像李国玲女史的著作中那样眉目分明的。而使用李国玲女史擅长的编纂方式来编写的又大又全的断代僧人辞书，则以李女史此书为嚆矢。我们必须揭示其首创性。

《宋僧录》只收僧尼，不及全部七众，这是一种聪明的界定方式。因为，居士，除著名的以外，一般的很难界定。按汉化佛教的清规戒律，必须经过正式皈依受戒，才能称为居士。有的人信佛了，就自认为居士，甚至自称某某居士，那是不正确的，至少是不准确的。宋朝个别人的这方面的史实，现在又很难查起。所以，宁缺毋滥，是一种好办法。就拿《中国佛教人名大辞典》来说，搜罗出家二众是企求一网打尽，但对居士则是有选择地收纳的。如：收苏轼、苏辙兄弟，可是没有收入自称"石湖居士"的范成大。这就会产生对收纳的人物的界定问题，即收谁不收谁的讨论，因为对居士的生平及其受戒与否要费大力气去考察，还不一定有结果，所以，最后可能还是流入任意性。所以，我们对《宋僧录》的专收式做法就不但应该认为聪明，而且要大大肯定的了。

李国玲女史此书沿袭《宋人传记资料索引》等两部书的编制方式，当然一方面是追求大而全，另一方面，无形中也会受到那两部书采纳资料方式与范围的影响。李国玲女史又是在资料室内工作的，是在主要以编纂《全宋文》为主要致力方向的资料室工作的，所以，延此余绪，既方便了《宋僧录》的编纂，又在无形中限制了自己。当然，做到现在这种程度，已经是非常非常的不错了。我们必须大力肯定。无论怎样肯定都不为过。李国玲女史在她能做到的范围内，是百分之百地尽了努力了。我们更必须明确：这篇拙稿，写作目的是在表扬《宋僧录》，是在欢呼此书的出版，是在为能有李国玲女史这样的埋头苦干的脊梁人物而赞叹，并希望这样的人物及其业绩能进一步得到全社会特别是古籍整理学术界与佛教界的认识与赞誉。

在有了以上的共同认识的基础上，我们就希望能够进一步讨论如何对此书进行补充了。从此书体例上说，本身已经够全，够完善了。可是，若进一步求全责备，窃以为还有发展余地。初步想到的，可从以下几方面致力：

一方面是日本人特别是日本僧人的记录。姑且举一部书为例：日本入宋僧人成寻，在其《参天台五台山记》（共八卷）中，记录了许多当时中国各寺院的头面僧人，多为《宋僧录》所未采录。即以该书卷一所记来说，不完备的统计，《宋僧录》中未载者就有以下诸人：允初（天台国清寺僧人），净慈寺妙惠大师，灵隐寺僧德赞，国清寺主赐紫仲方、副寺主赐紫利宣、监寺赐紫仲文，明心院住持僧咸宁，石桥道场庵主印成，景德寺"管内僧判官赐紫觉希、赐紫久良"，"教主阇梨若明"，赐紫永明，等等。如统揽全书，当不下百十人。其中各寺院的住持、方丈级别僧人颇多，就中得"赐紫"的僧人不少。为什么当时的许多僧伽头面人物在中国的记录中后世无传？这倒是一个可以探讨的小问题。是不是中国的僧史家，也像宗儒的史学家范晔写《后汉书》，"宰相多无述，而特表逸民；公卿不见采，而惟尊独行"（《十七史商榷》卷六十一）呢？或者

"爱僧不爱紫衣僧"（唐代郑谷诗）呢？此种深藏不露的爱憎值得深思。

另一方面，是从宋代刊印的大藏经和小部藏经以及单行本佛教经典的经末"发愿题记"等材料中拣寻。试举一例，《思溪藏》题记中有："掌经沙门法己"，"对经沙门行坚"，"干雕经沙门法祖"，"对经慈觉大师静仁"，"赐紫修敏"；还有"宁国府泾县明月庵广宣首座"，"新兴寺知库嗣然"等等①。估计细心搜寻比对，收获不会太少。只是影印本大藏经与单行本佛经中常常略去题记，实为不智，如二十世纪三十年代上海影印的《碛砂藏》，就犯此病。所以，仅靠影印本不成，要深入大图书馆，逐卷核对。这是个苦差事，如果不是内部人物，看不到善本，极可能还办不了此事。说来容易作来难！

深入深山古寺，特别是有塔林的寺院，如山东长清灵岩寺，河南登封少林寺，实地记录塔铭或研究拓片，从中探究僧人生平（不限于本人），也是一种进一步寻觅的新方向。我记得《台州佛教》杂志曾发表过一些僧人塔

---

① 这些资料，是从李际宁同志《中国版本文化丛书·佛经版本》一书的80页上抄录的。一则可见我要小聪明因人成事，惭愧，惭愧！二则也可从侧面反映出看原卷之困难。

铭的"引见"，很值得提倡。我国石刻史料丰富，必须好好利用，这已经是常识了，但是，还是说来容易作来难，需要沉下心来，一篇一篇地阅读，别无他法。国外的资料也不少，特别是日本与古代朝鲜半岛的资料，咱们利用甚少。如1919年公布的《朝鲜金石总览》，铅印本，间有误植，可是咱们极少利用，遑论校勘[①]！就连不是石刻而属单纯文字传记性质的，如《大日本佛教全书》中的"游方传丛书"，还有咱们本国的《中国佛寺志丛刊》，也很少利用呐。

说了这么一些，决不是说李国玲女史的工作遗漏多。我想说的是，挑毛病、举遗漏的例子，具有极大的自由性，说的尽是自己知道的或自认为知道的，花力气不大，显得挺高明的样子，实则比起李国玲女史伏案多年，如我就自觉早应愧死！我要说的是，如果没有《宋僧录》作为我们进一步研究的基础，我以上说的话一句也说不出来。我们只是希望，在现在已经作出了挺好的成绩的《宋僧录》的基础上，何不百尺竿头更进一步呢！如果这样

[①] 我曾利用北大藏拓片与《朝鲜金石总览》中的排印本校对，作出三四篇塔铭录文加校释来。可是，排印本没有让我校对，几乎每篇都错得一塌糊涂。如果有哪位看见了，万勿引用。就当没有那篇文字得啦！

想，前面提出的一些建议或可派些用场。我更觉得，李国玲女史过分地局限在她的资料室内，影响了她的思路与进一步发展。她要是就此飞跃一大步，成绩必然更大。我希望四川大学古籍整理研究所的领导，能更加支持她，给予时间，拨给专款，放她出川在国内外遨游，遍参各大图书馆及相关的寺院等等，期以数年，必有更大成就。

2003年8月10日，星期日，承泽园

读《文房四谱》札记

一

西泠印社展出黄丕烈跋《文房四谱》旧钞本，且欲召开多种"黄跋顾校本"研讨会。先期以影本寄示，并索发言稿。我对于黄丕烈、顾千里之学术素乏探究，仓促应命，只可临时抱佛脚，就寄来的黄跋《文房四谱》钞本初步阅读所得，作一札记。

据寄来的影本中黄氏跋语云：

> 郡中有吴枚庵先生者，余向年就试玉峰，曾有半面，未及把臂也。及余知购书，而坊间有善本送阅者，往往出枚庵手抄及家藏者，方知枚庵好聚书，其书之散佚者，太半出其亲友家。盖枚庵游楚中，书多寄诸他

人所。久而不归，家属亦寻踪访之。故亲友亦无忌惮而为此也。此书却带诸行箧，越二十余年始归。故余与订交，并请观其书，是书在借校诸书中为最精，所据有钱东涧、赵清常两家本。余校毕即还之。继思两家本皆出朱文游旧藏，朱氏书余友周香严得之最多，遂往问之。钱本故在，赵本无有也。覆取对勘，吴本有不尽据钱本与钱校赵本者。疑惑滋甚。复借吴本覆之，而枚庵所校，异于钱、赵者具可剖析，是钱、赵之外，又成一吴本矣。往告之故，欲一证其所以异处。枚庵又取一清本相示，钱、赵异处分注于下，似以前本为筌蹄也。翌日枚庵过访，竟请割爱。欣然诺之，此书遂为余有。爰记颠末于卷尾余纸，以志良友之赐。癸酉三月晦日复翁。

黄跋之前，有吴枚庵此前所写墨、朱、黄三色笔所写跋语各一则。墨笔跋语如下：

朱文游所藏拂水蒙叟本，甚为精审。予六七年前尝见之。济阳生从朱本录出，奈胸无点墨，浪作钞胥，遂至龃龉，不可卒读。丁酉春日，命门生拓之。惜文游养疴闭关，未由借其原本一校雠也。明年仲冬九日，枚庵漫士识于城东寓舍。

朱笔跋语如下：

又明年初夏，文游出示拂水原本，云"蒙叟从赵清常本对校者"。卷首徐常侍一序，是叟手钞。阅之，讹脱依然，殊失所望。略正数字，兼识于此。漫士又书。

黄笔跋语三则，如下：

是夏六月，文游丈复以清常元本见借。校正数字。廿五日，枚庵记。

《文房四谱》四卷，戊申八月中，友人孙唐卿氏自家山来，奚囊中持此书。因借录并校，其讹者无虑数十。续检得《徐骑省集》，中有是书之序。不知何年失去，今录如前，可谓洛浦之遗矣。时万历三十六年九月十三日，海虞清常道人书于柏台公署。

《文房四谱》五卷，此本阙二卷"笔"之"辞赋"，又每谱前（刻本误作"之"）"辞赋"俱阙。又脱易简徐（刻本误作"彼"）序，非完书也。丙寅五月，牧翁记。

按：《士礼居藏书题跋记》（清光绪十年潘祖荫滂喜斋刻本）之卷三，有"《文房四谱》五卷，校旧钞本"、"《文房四谱》五卷，钞校本"题跋两则。黄丕烈的跋语，见于后一则中；墨、朱、黄笔校语，则见于前一则中。墨笔、朱笔，系吴枚庵（翌凤）自笔述作。黄笔所书，前一则为吴枚庵自笔述作，后两则为吴枚庵转录清常道人（赵琦美）、牧翁（钱谦益）跋语。

《荛圃藏书题识》（缪荃孙等辑，民国八年金陵书局刻本）卷五，同样著录这两款题跋。

考查这两款题跋，可知：

一点是，"钞校本"只录有"郡中有吴枚庵先生者"起首的那一条，但此条不见于"校旧钞本"。而我们所见的西泠印社材料中，其余墨、朱、黄三笔录文不见于"钞校本"。这三笔录文见于"校旧钞本"题跋中，但此处的题跋较长，前有"复翁"即黄荛圃自作题跋三则，接着录有引《书史会要》一则，为苏易简简历；再录《文献通考》一则，著录此书书名是《文房四宝》。然后就是墨、朱、黄三色笔所录的那五则。后面尚有"时癸酉三月廿又六日复翁"题跋一则。两刻本题跋俱在，清有兴趣的同好复核，不赘引。因为我们现在尚未见到西泠印社藏本，怀疑只可到此为止。不过，这可够得上算一个问题，即"复翁"究竟有几个此种本子，现在出现的这个本子是怎么一回事？我们似乎应该讨论讨论。

二

代表性的书目提要，如《四库全书总目》，载《文房四谱》于卷一一五"子部·谱录类"；清代周中孚《郑堂读书记》卷五十也列《文房四谱》于此类。那都是没有问题的。我们要说的是，考查苏易简之原意，似乎是想编出一种专门性质的"类书"。《四库全书总目》的提要说："是书凡'笔谱'二卷，'砚谱'、'墨谱'、'纸谱'各一卷，而'笔格、水滴'附焉。各述原委本末及其故实，殿以词赋诗文，合为一书。前有徐铉序，末有雍熙三年九月自序，谓因阅书秘府，集成此谱。考欧阳询《艺文类聚》，每门皆前列事迹，后附文章。易简盖仿其体式。然询书兼罗众目，其专举一器一物，辑成一谱，而用欧阳氏之例者，则始自易简。后来'砚笺''蟹录'皆沿用成规，则谓自易简创法可也。"这是说，《文房四谱》是一种带有首创性质的专门性类书。这个意见，我们以为是很对的。

读《张政烺文史论集》中有关《封神演义》的论述志感

　　张苑峰（政烺）先生是学术界的老前辈，也是出身北大并在北大工作过的老前辈。我虽自1960年起就与中华书局有多种来往，可是，张先生在中华书局担任业务领导的时候，以及后来参与中华组织的"标点二十四史"等工作的时候，我即使常到中华办事，也都无缘拜见。总之是，太可惜了，我至今未能亲炙于大师之门。这应是我最大的憾事！

　　可是，张先生的轶事，经学术界津津乐道的，我却知道几件。如，1932年，张先生分别报考清华、北大时，正赶上陈寅恪先生出清华的国文试题，其中有对对子的题，一个上联是"孙行者"，我的老师周燕孙（祖谟）先生与张先生，听说还有几位，不约而同，答的都是"胡适之"。当时称为名对。两位先生同时被两校录取，又不约而同地进了北大。1936年又同时进入"中央研究院历史语言研究所"。1946年又都重返北大任教。可惜，我在北大就读于中文系，始终没有谒见过先生，自然失去了从学的机会。

张先生的另一件著名的轶事，我以为，当推在北大就学时致书当时的文学院院长胡适之先生，考证出《封神演义》的作者是陆西星。胡先生一向爱才，立即复信并交《独立评论》杂志发表。此种北大师生契合的事迹，传为美谈，后学至为欣羡。

这次，《张政烺文史论集》在中华出版，是学术界的一件大事。刘宗汉学长以我与中华和北大的关系，派充学习笔谈之一员。并且说，知道我于史学、古文字学等张先生从事的主要学术领域未曾涉猎，指定在小说范围内略举心得体会便可。我又为此请教古代小说研究权威程毅中学长，蒙指示：笔谈执笔者多人而《书品》篇幅有限，应力避扎堆。程大学长知道我不是这里面的虫儿，慨然将小说部分全揽，只留下《封神演义》，叫我先学习几遍张先生的相关著作，然后瞧着办。

张先生有关《封神演义》的著作，主要是《〈封神演义〉的作者》和《〈封神演义〉漫谈》两篇。

《〈封神演义〉的作者》一篇，没的说，那是考证出该书作者的首篇论文。用史实说话，再加细密分析，此书作者之为陆西星，就是板上钉钉的事了。难就难在此种史实常常不太引人注意，张先生当时只是个学生，主攻方向又不是研究中国小说史，竟然读书得间，非读破万卷且有过人的记忆力和理解、剖析能力不可。这是成为优秀的学者必须具备的天赋加苦读以及磨练而成的洞察力。有的人一生未曾做到，张先生在青年时代便已养成。

《〈封神演义〉漫谈》是一次讲演，而且是凭记忆讲的。我读有关《封神演义》研究的书刊太少，据我可怜的记忆与学力判察，这一篇是研究《封神演义》的涉及内容最全面、理解最深刻的一篇。

涉及内容最全面，是把该书的源流清楚地解析过了，把相关的结构、情节都剖析开了。从南北朝、唐代说到明代，从《注千字文》说到《武王伐纣平话》，顺流讨源。结构中的变化，抓住三十六路伐纣变成三十六路伐西岐这股线，而且目光犀利，点明其一波未平一波又起胜似《西游记》。主要情节则重点分析"九尾狐""钉头七箭书"的来龙去脉，极见功力。

理解分析最深刻，则是暗中回答一些读者的问题——我在读张先生此文前就有此种问题，可见张先生对此类老问题早已注意，作过深入研究，找到答案了。如，《封神演义》遭受訾议的一个毛病，是"文简事繁，缺乏细致的描写。"张先生指出："这是'讲史'话本的通病。"要读者自己动用想象去补充的。从而，张先生提出："可以当作科学幻想小说读。"又举例："细菌战、化学战等等"全有了。并与"最近霸权主义者"搞的一套进行类比，可谓能近取譬矣。当年听讲诸君子，至此定作会心之微笑焉。

　　《封神演义》中主要讲的是阐教与截教两派的斗争，伐纣只不过是一条贯串前后的主线。张先生说："截教的'截'字就是割尾巴。"那时，知识分子"割尾巴"之势尚未完全过去，我想，听讲者也一定会心微笑。老先生和大家一起开开心，说说罢了。我想，不可当真。这两派斗争在当时定有时代背景与实际史实，不然，陆西星等位仅凭想象，造不出这样波澜壮阔的场景来。拙见是，南宋以至于明初，道教中有些与民间宗教结合的新兴派别，与陆西星等位所属的"正统派"大起纷争，说不定还卷入政治斗争与军事斗争中去。此种对立与斗争就反映在《封神演义》之中。截教就是失败了的那批人物。观乎阐教人物对他们的看法，一则认为本是一家人，二则认为截教门下收弟子太滥，啥样的都有（这一点特别显露出民间宗教的特色），便可略窥其中消息。但要证成此种推论，需要在民间宗教书籍和《道藏》中爬梳剔抉，最后可能还是"杞不足征也"。不知老前辈与读者以为何如？

《〈水浒传〉与中国社会》读后感

　　我久耳萨孟武先生的大名，但是，您的著作，一本也没有读过。您的生平，我也很不门儿清。只知道您是教育界和文化界老名人罢了。这次，竟然由我承乏为此书写一篇新版前言，实在是不自量力，惶恐之极。皆因蒙北京出版社群公不弃，派我随衮衮诸公之后，当《大家小书》的一名小编委。于是，责任编辑派点差使，自然得"勉为其难"啦！那么，就不能请专家写么？据责任编辑楼霏女史说，正文校样已出，前言就得"现上轿现扎耳朵眼"，争分夺秒。请外人，时间上很难保证。于是，作为驯服工具的下走，犹如早已被支过河的一枚小卒，只能努力向前矣！

　　我老老实实地，以接近校对的水准，把校样仔细阅读了一遍。再查资料，请教专家。以三日之力，勉力完成任务。自知水平太低，只可算作写出一篇"读后感"交差。知我罪我，是在于读者矣。

先汇报查来的萨孟武先生生平及其著作资料的情况：

萨先生，出身福建福州名门，萨氏家族中排"本"字辈，那可是名人"辈"出的一辈。名本炎，字孟武，以字行。1897年（清光绪二十三年）生人。毕业于日本京都帝国大学（第二次世界大战日本战败后称京都大学），学的是政治经济，兼通社会学，自称"我是学习社会科学尤其是公法学的"（《〈红楼梦〉与中国旧家庭》自序），获法学学士学位。那是20世纪20年代的事，当时日本大学中讲政治经济学的教授相当前卫，讲资本主义政治经济学的固然是主流，讲新兴的社会主义政治经济学的也不少。萨先生自然也就二者兼通了。他回国时，正值北伐时期。1927年，他担任陆军军官学校教官，兼编辑部主任。1930年前后，开始任中央政治学校大学部行政系教授兼系主任，同时任陆军大学、中央大学等校教授。他的主要著述多初版于20世纪30年代初期前后。我查到的有：

《社会主义社会学》，波达诺夫著，原著为德文本，约自日文本转译。

《法律与阶级斗争》，日本平野义太郎原著。

《近世民主政治论》，日本森口繁治原著。

《租税总论》，日本小川乡太郎原著。

《马克思经济学说的发展》，日本河西太一郎等原著，与另两人合译。

《马克思[主义]十二讲》，日本高畠素之原著，与另两人合译。

当时，中国留学生时常把听课所学所用的教科书、重要参考书在上课同时翻译出来，一则可供学习之用，翻译一遍等同复习几遍；二则回国后作为自己的教学底本；三则可出版得稿费。用此法者不止赴日学生，但赴日学生这样做的较多。从日文转译他国文字著作者也不少。梁启超先生早已道出其中奥秘，下走不赘述矣。

这一时期及此后，萨先生自己的著作也不少，查到的有：

《新国家论》

《政治之基础知识》

《政治学概论》

《中国社会问题之社会学的研究》

《现代政治思潮》

《国际纷争与国际联盟》

《各国宪法及其政府》

《中国社会政治史》

《中国政治思想史》

《社会科学概论》

《三民主义政治学》

《韩非思想与西汉监察制度》

《孔子的法治思想》

以上仅就查到者而言。我觉得，了解这些简目，或许对我们阅读此书能起点作用。这些都是萨先生"用世"的"正工"。

另外，我们知道，萨先生还有三本书：

《〈西游记〉与中国政治》

《〈红楼梦〉与中国旧家庭》

《〈水浒传〉与中国社会》

此三书，据说至今在祖国内地以外的海内外行销数十年不衰。我这次看到内地近年重印的后两本书，其中一本还是此书的校样。惭愧得很，萨先生的其他著作，我均未寓目。萨先生的专业著作，我想我是看不懂的了。看过的这两本通俗性游戏人间之作呢，倒可以先说说两点读后感。

一点是，萨先生真乃聪明人。我猜，他那时讲课，为提高学生的兴趣，一定经常举一些生动活泼的例证。几部中国古典小说名著中的人物、情节，自当在其首选之列。日积月累，集腋成裘，慢慢地自然形成自己的几部书稿啦！这点经验与作法，倒很可供当代新上讲台的教师参考呢！

另一点是，用小说中的人和事，来证明自己的学说观点，萨先生堪称中国现当代学术界的老前辈了。当代"戏说""闲看"之类的作品风起云涌，大有青出于蓝之势。但是，萨先生似乎是把这些当成副产品的，并不着意经营，而且，以说理即阐述自己那一套理论为主，引证小说只是印证。所以，往往说理较多，有时与例证呈半游离状态。例如，讲"水浒马军五虎将中，关胜为何处于林冲之前"，其实，这是明摆着的事：一则，那时崇奉关老爷已经深入人心，关公是蜀汉五虎将之首也是尽人皆知的事了。关胜的长相和青龙刀又与祖先无别，当然得列于水浒五虎将之首啦。林冲绰号"豹子头"，又手使丈八蛇矛，显然模拟"豹头环眼"的张飞，故而只能屈居第二。可惜，水浒中找不出相当于赵云、马超、黄忠的人物来，也就搭配上与之不算一模一样的另外三位啦。赵云与花荣，射箭一样准确。但是，花荣未必顶的上赵云的神勇。此外两位，与马超、黄忠就毫无类似之处了。这些，都是几句话就能说清楚的。萨先生连篇累牍的表述，就只能侃侃而谈他的那套理论啦。这也是合乎他利用小说的初衷的。反观当代"水煮""戏说"诸名家，为了在知识爆炸时代给产品行销杀出一条血路，行文力求流利动人，理论与例证结合更加紧密，不谓之青出于蓝就对不住哥儿几个喽! 好有一比，如汽车中的老爷车与21世纪新式跑车。那么，我岂不是在贬低萨先生的著作么? 唯唯否否，不然。要知道萨先生是把这一部分作品当成宣传自己的理论的副产品的，有时，两者之间调和略差，就先尽着宣传理论来。当代诸公，看来是把闲书当正事来对待，全力以赴，而且力争包装精美，词语亮丽，"任是无情也动人"，其致力之处与先辈有别。那么，岂不是说先辈不行么，非也。一则，萨先生实在是这一行当中"导夫先路"者。二则，老爷车自有其风韵。君不见，当代老爷车拍卖价码比新车高得多吗! 再说，老照片现在身价十倍，出版社出专辑呢! 建议读者至少以这种态度对待此书可也。

至于此书本身，您只要读下去，如人饮水，冷暖自知，无须我饶舌。只需提出一点以供参考。同为编委的中国小说史研究权威程毅中学长提醒楼霏女史和我说，必须看一看郑振铎先生在1936年1月14日为孔另境先生所编《中国小说史料》一书所写的序。找来看完，节引有关部分如下：

> 研究中国小说的方向，不外"史"的探讨与"内容"的考索。但在开始研究的时候，必须先打定了一种基础，那便是关于小说本身的种种版本的与故事的变迁。不明白这种版本的与故事的变迁，对于小说之"史"的及内容的探讨上是有多少的不方便与不正确的。记得有人论《水浒传》的社会，而所据的版本，却是金圣叹腰斩的七十回本……

郑先生举出的论《水浒传》用金圣叹的七十回本的例子，明显针对此书而言。萨先生在《〈红楼梦〉与中国旧家庭》一书的"自序"中也说："研究社会科学的人，是将小说看作社会意识的表现。因之，研究方法与研究文学的绝不相同，不作无谓的考证，更不注意版本的异同。"不过，这种作法用来研究《水浒传》，特别是用七十回本来进行研究，得出的结论可就难免出问题了。试举二例：

水浒英雄的归宿问题，萨先生看出：或基本上原地不动，占山为王；或扩大地盘，割据一方，驯至取大宋而代之；或投降宋朝。并且代为筹划利弊。殊不知，若据一百二十回本，宋江早就率众投降啦！萨先生真乃事后张良，放的是"马后炮"也。

"燕青何以能列入三十六天罡之数？"若据一百二十回本，宋江投降，到东京李师师处"入马"，非仗着燕青"打哄"不可。他虽不太赞成投降，执行上级意图却是坚决认真的，是洁身自好，还借机为自己谋求退路。燕青在全书最后全身而退，挑着一担珠宝，"身边自有君王赦"，归隐去了。这样兼具高明与能干于一身者，列于三十六天罡之末，还是辱没了他呢！

总之，此书中的引证分析，读者自有鉴裁。不可忘记萨先生往往是在借题发挥，也就是了。萨先生提出若干问题，我们可以按当代人自己的见解，另行探索。有的问题，萨先生虽然提出，并未深入，稀里糊涂地就过去了。例如，"天书三卷"究竟是怎么回事，并未具体涉及，只是泛泛地说"用迷信结人心"。看来，萨先生对中国民间宗教不太熟悉，当时也不想就此进一步探讨啦。

抗战时期以迄到台湾后，萨先生回翔于政界与学界之间。据记载，1940年12月，他在重庆当选为第二届国民参政会参政员。1942年4月，任考试院法规委员会委员。7月，任第三届国民参政会参政员。1943年7月，任三民主义青年团第一届中央团部评议员。1945年4月，任第四届国民参政会参政员。1946年，任中山大学法学院政治系教授兼院长。1948年，任台湾大学法学院政治系教授兼院长。此后，曾任"立法院"立法委员，中国国民党中央评议委员等职。1984年4月13日逝世于台北，终年87岁。

我仅就所知，汇报至此。再度声明：是浅显的读后感，不敢说是前言，更非序言。即以序言而论，伟大的英国小说家狄更斯有言："序言，虽然有人不断地在写，却是很少有人去读。"（《大卫·科波菲尔》自序）何况我这篇幼稚的塞责之作呢！希望读者略过我这点多余的话，直接阅读此书便了。

2004年12月6日，星期一。承泽园

推介《古籍整理释例》

　　《古籍整理释例》,许逸民学长新著,中华书局2011年9月出版。此书对古籍整理工作者与研究者极为有用,允宜人手一册。

　　许逸民学长与我是北大中文系前后同学,相识三十余年,熟得不得了。不避戏台里面喊好之嫌,愿意为新进的年轻朋友介绍几句。是否得当,不计矣。

　　先得说说许逸民学长的相关学术成就。虽说业内人士无人不知,可是年轻朋友未必十分门儿清,还得唠叨几句。许大学长出身北大中文系古典文献专业1961级。我认为,在北大中文系几个专业中,这个专业最后建立,专业性也最强。毕业生几乎都终生从事专业内的工作,个个成才。许逸民学长是其中杰出的一位。其业务轨迹可作如下分析:

一是业务内的连续不断的工作，从历史角度看，其线性极为明显，始终串联。他1966年毕业，即入中华书局工作，从实习生做到编审、文学编辑室主任，直到退休。退而不休，担任国家古籍整理出版规划小组办公室主任，并参加中华再造善本工程编纂出版委员会，全国古籍保护工作专家委员会，中华书局点校本"二十四史"修订工程委员会等处的实际工作。还担任北京大学《国学研究》专刊的编辑事务。还逐年为各种古籍进修班新进青年讲课，传授学术与治学经验，兼任一些大学（如郑州大学）的特约教授，等等。可以说，几十年来，席不暇暖，马不停蹄，连轴转。他还担任中国《文选》研究会副会长，不是挂名，干了很多学会必需做的重要的事情。

二是，在领导安排的岗位上工作的同时，拳不离手，曲不离口，他抓紧时间，干出许许多多古籍整理的好活计来。计有：

《徐陵集校笺》；《金楼子校笺》；《庾子山集注》校点本；《中国文学作品选注》四卷九编的副主编；《陶渊明年谱》的整理合编本；周寿昌《思益堂日札》的整理本（此书我尚未见过）。

《中外学者〈文选〉学论集》主编；《中外学者〈文选〉学论著索引》的编者。

《初学记》整理校点者及《初学记索引》的编者；《唐五代人物传记资料综合索引》编者（与傅璇琮、张忱石合编）。

此外，尚有我没有见过只在目录中查到的：《六朝四家全集》《古代骈文精华》；以及《容斋随笔全书类编译注》《庾信诗文选译》；他还参加了《乐府诗名篇赏析》《金元明清诗文精华》等书的编写工作。《清人书目题跋丛刊》似乎也是他主持编印的，但我只见过其中的"第十"册（这一册中的一两种原书由我借来提供），那是他赏我的，附有新编的四角号码书名索引，我想也是他经手作的。

我谈以上这些，目的是说明，许逸民学长四十余年来，所做的事情几乎全在古籍整理的圈子里，心无旁骛。凡是圈子里的事，他都多多少少参与过。一是，从古籍整理具体工作看，作校点注释，编辑多种论文集，编集各种各类的索引，古文古诗今译，古代名篇赏析，影印加索引等，他全干过，成绩斐然。好比名教练全是著名运动员出身那样，他有丰富的临场经验。二是，他在此基础上，作过编辑室主任，进而作过古籍整理最高机构办公室的主任，并且实际主编重要的古籍整理刊物，等等。三是，他多年参加并主持过各种古籍整理的长短期学员学习班，培养了许多青年编辑人员。他至今还活跃在与古籍整理有关的一些重要岗位上和工作中。因而，可说他是写作《古籍整理释例》一书的不二人选。非他莫属。

至于此书内容，有如法规制度及其解释，外加经验介绍，只是供行业中人学习使用的，毋庸再作说明。建议初学者，可以先仔细阅读程毅中学长的"序"，和许逸民学长的"代自序"，作为入门。其他的，工作与学习中作为法典，时时事事请教便可。

有一事，倒可以在此略作讨论，那就是古籍整理时的分类问题。此事缘起恐在解放初，请老先生当顾问，中华书局等单位拟出第一份古籍整理书目之时。那时，初分为哲学、历史、文学三大类。至今，《新中国古籍整理图书总目录》大体上仍按此划分。拙见是，此种区分，当时只是为提供选书使用，并非一种图书馆分类意义上的分类法。现在用来分类，时有掣肘。例如：一、中国古籍中的文集与总集，百花齐放，各具面目，有如作者各有生平。有的，文史哲统通包括。二、医学、农林牧副渔各业，工业与制造业，等等，如何纳入？三、丛书与类书多种多样，如何处理？此书中已有讨论。窃以为，倒不如还是按古代通行成法，依经史子集与丛书五部统领之。

敬读《江湖丛谈》

我满嘴京片子，许多人认为我是老北京，其实我不是。我在1943年才到的北京。以后就生活、学习于此。老北京的事儿，我知道的不算多。我最最遗憾的是，我没听过任谁说的任何一场评书。因为当时沉迷于看小说，下学后租来《三侠剑》，一直看到深夜，一天能粗略地翻看五本。总认为听评书太费时间，进度太慢。及至中年以后，与俗文学有了点儿联系，知道了一些评书艺术的魔力与特点，悔之晚矣。

可是，20世纪30、40以至50年代，连阔如先生名重一时，起码在京津一带，没有不耳熟的。连先生虽然基本上以说书为业，但据我所知，他还经营着一家"连阔如广告社"。我以为，能干广告业的，在新闻界必定广有交游，自己的文笔也不错，市面上也叫得响。所以，我心目中的连先生，与一般的评书演员不同，是颇有文墨的人，是一位高级知识分子。

至于连先生的著作，我实在是孤陋寡闻，一点儿也没有接触过。这一次，通过中华书局的领导和熟人，得以捧读连先生新中国成立前的大著《江湖丛谈》，才开始学习。这才惊讶于连先生的文采、学问、识见与胆识。

文采：篇篇都是引人入胜的优秀散文。我看了一天一夜，欲罢不能，基本学习粗毕。能吸引住我这样的八十多岁的老朽，足见魔力。

世事洞明皆学问，连先生的学问，没得说，覆盖面极为宽广，全是我不知道的，而且开掘极深，一挖到底。这种学问，是不是现在已经归入历史范畴，我不敢说。至少是一个时代一部分下层人民生活的真实反映吧。要研究这类事，连先生此书堪称一处起点站。

说到识见，连先生比当时一般江湖人士，可说高出甚多。例如他多次举实例，并总结性地指出，坑人的，最后都没有好下场。同为江湖中人，就与沉迷其中自以为得计而不能自拔者有天壤之别了。

至于胆识，敢在旧社会把江湖上的事揭底，可不容易。为什么要这么干？只有用唤醒痴迷的菩萨心肠来解释，大概其才说得通。我读过《燕市积弊·都市丛谈》，已是北大信息管理系老教授张荣起先生的整理本，1995年北京古籍出版社出版。据张先生考证，作者是生活于20世纪初的庄荫棠先生。那里面讲到的北京市面儿上的毛病不少，范围更宽。新中国成立前用笔名印行过。新中国成立后，大家思想解放，也不太怕报复了，给江湖上的事儿揭底的文章多起来。我读到的，如发表在各种《文史资料选辑》上的就有不少。例如署名"于诚"的《记"江相派"》（《文史资料选辑》第四十七辑，中华书局1964年版），据我看，就够全面深入的。新中国成立前料他也不敢。

《江湖丛谈》行文中陆陆续续讲到许多"切口"即行当术语。我查了查，《切口大词典》等书中所录差别不小。可见，切口随时代、地域、行当、派别等等之不同，差异甚大。这也是此书留给我们的一项遗产，建议利用起来。词典要补充！

我不是江湖中人，说的是外行话。但是，我十分钦佩连先生的才、学、识、胆，我以"敬读"的心情阅读，并向读者推荐此书。

《〈读书〉十年（一）》读后

　　扬之水女史新著《〈读书〉十年（一）》新由中华书局出版。经在电话中恳求，蒙女史掷赐一部，并电告：共三部，出齐即由中华书局召开发布会性质的群众集会。会上发书，现在寄来的这本届时收回。我想，可能那时发的书有书局、作者等签章之故。我很不赞成新书发布会之类"造势"的做法，认为哗众，效果往往也不如预想中那么好。倒不如召开某种读者座谈会，请大家提提意见，于作者、出版者都有好处，可收集思广益之效。那样作，就必须先发些书给预定的参加者，并有让他们与会的某种保证，特别是交通工具方面的保证。但是，与会者也应有点良心，想想人家如此邀约是看得起自己，因而多作准备，不可临场随意发挥，泛泛而谈。

　　我想，我有了书，就不必参加以发书为主旨的会啦，当然，此书分三册，后两册还希望继续赏给我，那就必须作出像老廉颇那样据鞍顾盼以示可用的样子来。我也八十多岁了，外出不容易，恐怕肯为我浪费汽油的人也不一定有了。我也就不再把希望寄托在座谈会上了。因而，赶写此稿。

我上紧地粗读了扬之水女史此书。初步的读后感如下：

一是，此书乃必传之作，五百年后，将成为史学家、民俗学家和经济学家等研究与取资之重点。重要的原因之一，在于其对于20世纪80年代末（仅以此书第一册为例）中国一部分活跃的知识分子和以北京为中心的饮食情况，特别是对菜馆、菜单和菜价，以及吃主的具体记述。其真实性无可比拟。查过去的书籍记录，一种是泛泛的，甚不具体。另一种是指南式的，如晚清"谴责小说"中对上海"一品香大菜馆""吃大餐"的点菜记得颇为详细，对在北京著名菜馆中官场清客的情况也说得较为清楚，恐怕都是为让初涉饭局者按图索骥之故。还有，外国人往往比咱们自己记得细致。如中华书局2005年出版的一套《朝鲜时代汉语教科书丛刊》，里面对从过鸭绿江直到北京的一路饮食，以及如何请中国客人吃饭，几碟几碗，价格若干，均有明确记录，以便后来人照猫画虎。那也是一种指南。中国人则往往认为家常便饭，犯不上如此。到了我们的时代，满汉全席成为古典，就得民俗学家著文阐明了。老舍先生早期小说中对糊弄老乡的中式变相西餐馆的描述，更是入木三分，窃以为，已成经典名篇片段。不过，如扬之水女史如此记述者，大概只此一家别无分号。但是，请允许在下给五百年后的研究者提个醒：当时中国正处于急剧变化时期，《读书》杂志主编的名言："要征服作者的心，先征服作者的胃"只可在极短的时期内适用。盖因三十年中，中国的大多数群众肚里油水越来越寡，改革开放之初难免如书中记述的，小小的吃喝，大摆宴席尚无今日一掷千金之能力。不过，连续的吃饭馆，也让扬之水女史吐了几回。时至今日，电视里已经开了"养生堂"，足见大多数人的吃食罐儿已经填得够满的了。后代研究中国的饮食，于今日之中国，不可执老封建社会百年不变之尺度，起码得十年一变才是。五百年后研究经济学的专家可得小心了：不宜用记下来的餐费概括此后二十年的物价指数。那只能显示20世纪80年代末的情况呢。

二是，此书中较完整地记录扬之水女史自己买书的情况和部分读书的心得体会。她是真买啊! 买的真杂,但都是各类学科的名著。一个初中尚未毕业的女孩,迅速地成长到具有如此眼光的走正路的学者水平,实实令人可惊。再则,她家里对她的支持也隐隐约约地显现出来。我虽然也想买书,可从来没敢像她那样掏钱。她恐怕除了外出吃饭馆,把自己所有的钱全用来买书了。其实,那时我的工资和稿费估计不比她少。可是家累重,还有存钱买房等等考虑,不敢放手。李清照与赵明诚共建“归来堂”,主要靠的是丈夫的俸钱。可见,一位成功的女学者,背后定有坚实的家庭基础。

三是,我阅读书中偶然提到的我的从未谋面的神交老友袁庭栋老哥对编纂顾颉刚先生文集的记述,方知十年出不了书的原因是预订数只有二百六十部,出版社赔不起。其实,学术书籍卖不动,从来如此。现在,顾老的全集已由中华书局出版,这是近几年古籍出版界的一件大事。可见,只有国泰民安,经济发展到很高程度,才能放手干这等不及之大事。尽人皆知,这都是维持文化于一脉的不可或缺的大事。知识界,特别是整理古籍的学界,必将大为振奋。

我为了继续捞取此书的二三两册,赶紧草成拙稿呈上。后两册出版时，请继续赏赐，读后感，只要当时还能动笔，必然接着送来。能不能刊登，权不在我。发布会等外出的事，咱就请假啦。

笔谈《奢华之色》

扬之水女史新著《奢华之色》，煌煌三大册，已于庚寅岁尾由中华书局出齐。新交老友，齐声致贺。被告知：《书品》曾有专为此书召集之座谈会。下走没有与会之荣幸。又被告知，能以笔谈方式附骥。春节期间，电话铃中，爆竹声里，闭耳塞听，忙作此短文。

此书上册有齐东方先生序，中册孙机大学长序，下册尚刚先生序。三序已将书中精义揭示无遗。下走虽没有参加座谈会，料想群贤毕至，少长咸集，定然妙绪纷披。自感无话可说。如果还要说，只可将对扬之水女史的粗浅认识略加陈述。

蒙扬之水女史折节下顾，以能问于不能，已有三十余年。我亲见扬之水女史脚踏实地一步一步地成长。可以说的是：

她是一位极为聪明，极有心胸，极能干事，特别勤快的女中豪杰。从当编辑算起，她步入学术界，发展到现在，每一步脚印都很清楚，踏实。在前进中，她逐步找到适合自己的位置。《奢华之色》就是她找到新位置的标志。她原来跟着她的恩师走了很长的一段路，特点之一是，专拣别人很少注意到的值得深入挖掘的新问题，开掘下去。这与陈寅恪先生在《敦煌劫余录·序》中强调的"预流"暗合。她写的每一篇文章，几乎都有此种新意。这在当代学人中极为少见与难得。更难得的是，她坚决地走她恩师指导的"以图证史"的路，可说是"穷搜图证耗中年"。我也曾干过同样的事，但往往浅尝辄止，有点小收获便草草收兵。她可是广搜博览，使人一展卷便如入万宝山中。《奢华之色》便是这样的登峰造极之作，令人叹为观止。

　　作为女性，在学术上展示出自己的、女性特色，于《奢华之色》一书中表露无遗。这也是她学术上成熟的标志之一。她已经为自己开辟了独自经营的"自己的园地"。

　　她能有如此高峻的学术成就，绝非偶然，与她不耻下问，到处寻师访友极有关联。她在中年才开始接触佛教、梵文等领域的知识，困难可知。但她转益多师，向我的朋友张保胜学长等位学习，钻研佛教经典，并且"学了就用"，主要在第二卷第二章第四节"梵文及其他"中显现出来。我虽从几位老师学习过这方面的知识，但学业抛荒，现在已经提不起来。对比之下，只有惶愧而已。

据说，笔谈要附在座谈记录之后，不宜过长。我也没有太多的话了，到此为止。

韩淑举采访

问：白老：您好！谢谢您能接受我们的采访。和图书馆界许多专家不同，您的研究领域涵盖佛学、敦煌学、目录学等学科范围，这使得包括我在内的业界同仁在敬仰您的同时，很想了解您的求学经历和治学生涯。我们知道，青少年时期是人一生中学习的关键时期，您能否给我们介绍一下您的家庭和这一时期的生活和学习情况。

答：我姥姥家是北京的较为殷实的大商家，但在民国初年已经败落了。先外祖母近二十岁就守寡，在家族内部相当受欺凌。先慈沈时敏女史是独生女，曾留学法国，学习西画和室内装饰等造型艺术。先慈会吟诗填词，有稿本《珠雨集》，"文革"时焚稿。先父在抗战胜利前就离开北京他往，并把我们兄弟扔在外家，不甚过问。他与先慈处于事实上但非法律上的离异状态。可以说，我家上两代母女精神上都是很苦的，她们把希望寄托在我们兄弟身上。先慈朦胧地知道一点一位美国教育家道尔顿的教育思想，即引导青少年就性之所近自由发展的思想，所以指引我们兄弟按爱好行事。但希望都能上北大或清华，一个学文，一个学理。毕业后最好能留在大学里教书，或在某种研究单位进行研究。鉴于先父的前车之鉴，坚决反对入政界、金融界。我们兄弟果真先后入北大，一个学中文，一个学化学，毕业后的工作，今日也都勉强符合先慈的心愿。可是，由于众所周知的社会原因，她逝世时完全看不到这样的前景。曷其罔极！

问：您1950年上的北京大学，当时为什么会报考北大中文系呢？

答：抗战胜利时，日本侨民撤离，北京城里空下招租的房子不少。我们有一次搬家的机会。先慈力主搬到翠花胡同8号，与北大文科研究所斜对门，距离北大红楼约有二百米。当时北大仍执行蔡元培老校长的方针，开门办学，容许各界人士随便旁听。先慈意在让我受北大熏陶（舍弟小我十岁，还不到熏习年龄）。高中时期，我就经常出入北大红楼、北楼，听蹭课与讲座。如，断续听过梁思成先生的中国建筑讲座，戴望舒先生讲座"《李娃传》研究"，俞平伯先生讲的几堂课"清真词"，等等。我还经常在中学逃课，上当时的国立北平图书馆看课外书。这也是受中学老师王蔚然先生思想指导的影响，他说，上高中，就是为考大学作准备。能达到考上大学的目的就够了。要紧的是，上大学后一定要出人头地。所以，上高中时要想好上哪个大学何种科系，多读与该系有关的课外书，早作准备。这一指导思想，与先慈不谋而合。我便坚决执行。结果逃课太多，偏科过甚，没考上北大，上了南开大学中文系。第二年，以转学生资格才转入北大中文系。奉劝青年学子，务必以我为反面教员，好好读完高中吧。北大不是那么好考的！

问：当时的北大中文系有哪些名师，他们对您以后的治学有什么影响？

答：1950年，我进入北大中文系。正课选修了周燕孙（祖谟）先生的"工具书使用法"，此课对我一生影响极大，我似乎从中找到了学习的门径。旁听过罗莘田（常培）先生的"现代汉语"，一起始讲的可是刘（师培）、黄（侃）两位大师的"文心雕龙之学"，从而知道了大学者讲课有随心所欲之处，与后来的苏联式全国严格按教学大纲行事极不相同。听过唐立庵（兰）先生的"文字学"，很为唐先生的缜密思维与推理所折服。听过俞平伯先生的"历代韵文选"。这些课都只上了半年，因抗美援朝宣传和翌年的三五反运动而停止。1952年后罗、唐、俞三先生均调离，我赶上坐了几站末班车。1952年院系大调整，北大名师荟萃。我先后听过的，按顺序是：周燕孙先生的"现代汉语"，游泽承（国恩）先生的"中国文学史先秦两汉部分"，王昭琛（瑶）先生的"中国文学史现当代部分"，高名凯先生的"语音与语法理论"，邓恭三（广铭）先生的"中国通史"，吴组缃先生的"现代文学"，林静希（庚）先生的"中国文学史魏晋南北朝隋唐部分"，浦江清先生的"中国文学史宋元明清部分"（吴小如先生为助手，也讲课），王了一（力）先生的"汉语史"，李赋宁先生的"西方文学"，等等。我还旁听过王有三（重民）先生的"目录学"（主要讲《汉书·艺文志》）。合校前，听过魏天行（建功）先生的"中国语文概论"，杨慧修（晦）先生的"文艺学"等课。但是，我不是哪一位老师的及门弟子，更谈不到入室了。我总觉得，北大和各位师长给我的，主要是熏陶。至于求学，那就靠自己摸索了。毛主席说："要自学，靠自己学！"实为至理名言！

问：先生多年从事佛学研究，对佛寺藏书分类和编目有独到的见解，请先生谈一下这方面的研究好吗？

答：我在"文革"末期，因写稿，从学于周绍良先生。慢慢地，追随周先生出入佛寺，逐渐增加了对汉化佛教的了解。但我从来不敢与出身哲学系与宗教学系的诸位比肩。特别对禅宗根本不了解。我只是知道一点明清以来汉化佛教寺院的事而已。我绝不是佛学家。

20世纪末，赵朴初老居士任中国佛教协会会长时，指示为中国佛学院开设僧人实用的"图书馆学"课程。我承乏了一段时期。当时写成讲义，课堂上分发。我还就佛寺藏书之事，写过几篇文章。当时，佛寺藏书的整理编目，在各个大寺院提上日程。大陆上没有适用的专门的佛教图书分类法。台湾的李世杰先生以毕生之力，编成一部相当实用的佛教图书分类法，台湾香光尼众佛学院释自衍法师等位继承并完善了此法。我称之为"香光法"。香光法有在政治上和分类上与大陆不适合之处。可是，当时大陆的一些寺院已经采用。我在取得释自衍法师等位同意后，将其"详表"做了一些必要的改动。必须说明，我改动的只有香光法的百分之一二。此表依然是香光法的表。这个详表构成了署名为"白化文编著"的北京图书馆出版社2001年出版的《佛教图书分类法》的重要基础。此书为什么由我署名呢？一则，求得释自衍法师等位的谅解，在大陆上需如此署名。而且我也改动了一些地方，是为"编"。二则，书中的专文三篇，讲稿十篇，都是拙作，占篇幅之百分之八十以上。是为"著"。

问：长达几十年的治学生涯，先生取得了丰硕的研究成果，在国内外产生了广泛的影响。想请先生谈谈自己的读书、治学经验和体会，供后学效法。

答：惭愧之至，我没有什么"丰硕的研究成果"，更谈不到"在国内外产生了广泛影响"。也没有什么"治学经验"。我是个无能无趣的人，不吸烟，不饮酒，不会下围棋（象棋、跳棋等等已有四十多年没下了），不会玩任何赌博，如打麻将、打扑克之类全都不会也没有兴趣。琴棋书画一样也拿不起来。只是从小养成读书习惯，每天非得找点书刊看看不可。我养成了记日记的习惯，每日必动笔。我的读书和学习体会，拉杂说来，大致有：

读书兴趣应尽可能地广泛些。只要是读得懂的，手边能找到的，就找来读吧。所以，有人说我是"杂家"。杂，确实是杂，可不够什么"家"。

巩固学习成绩的办法之一，似乎是能写就写。

冯沅君先生说："功夫要死，心思要活。"

赵元任先生说:"说有易,说无难。"别说过头的话。

问:先生退休以后,仍勤学不舍、论述不辍,每年都有重要论文发表。想请先生就您退休后的生活、研究情况给关心您的图书馆同仁简略谈谈。

答:我向来是按着时代需要去工作。因此,一辈子教过二十多门课,写过许多单位叫我写的各种文字资料,出过四十来本书。退休后,找我干事的仍然络绎不绝,只要能干的,咱就去干吧。2005年至今,我的主要工作是,奉任又之(继愈)先生之命,承乏《中华大典·民俗典》的工作,可能还得两三年才能结束。临时性的差使也不少。退休不退休,除了自由点,别的毫无变化。

问:您对新一代的图书馆学人有什么样的希望?

答:"天行健,君子以自强不息!"

起伏跌宕经一世　卅载辛勤百战多

东汉王充《论衡·宣汉》中引孔子的说法："如有王者，必世而后仁。"并根据何晏《论语集解》中引孔安国所说"三十年曰世"的说法来解释，说："三十年而天下平也。"下文中还进一步加强，说："且孔子所谓一世，三十年也。"我们的理解是，治理好一个摊子，使之达到理想的境界，大体上需要"一世"即三十年的时间。大摊子如治国是这样，小摊子也是如此。《文史知识》自1980年左右创议，1981年创刊至今，已历三十年。2011年又值中华书局（此后本文中简称"中华"）欢庆百周年前夕，主事者要出书以示纪念与庆祝，这是应该的，必然要办的事。

我有幸成为《文史知识》创业时的几名局外编委之一，且至今尚未遭清退，每感荣幸之至。

以前我所写的有关《文史知识》的回忆性质的稿件，

主要有：

　　迎春征联佳联赏析《文史知识》1983年第三期

　　创业艰难百战多——"贺《文史知识》出刊200
期笔谈"/《文史知识》1998年第2期

　　王了一老师应《文史知识》编辑部之邀参与的三
次春节评联活动《文史知识》2000年第8期

　　一以贯之地培养作者——一面，一指，一种杂
志/《我与中华书局》91～96页【中华书局2002年5月出
版】/《光明日报》2002年6月11日3版，有删节

　　能说的，在那几篇之中差不多全说到了。可是，这回
还得说呀，只可悉索敝赋，从旧日记中摘出几段来，摘引
排比一番。不能多占篇幅，只以1980～1981年创刊早期为
例，说说创业艰难。

　　今日的《文史知识》编辑部里，除了1982年1月从北
大中文系古典文献专业1977级毕业分配来编辑部，并一
直干到现在没有动窝的胡友鸣同志，别的人都没有经历
过那热火朝天的大干岁月。当时的老编委中。俞明岳、李
侃、张习孔、金开诚、龚书铎几位陆续仙游。仅余开播的

"主持人"黄克、杨牧之,和田居俭、徐公持、臧嵘、瞿林东几位和在下了。回首当年开编委会的献言热烈、讨论火炽,真有盛会不常、盛筵难再之感。

20世纪70年代中期,也就是1974年吧,中华群公自湖北咸宁五七干校分批北返。我又和中华搭上了钩,时距1966年,已过八载有余。此后,经常前去,领点小任务而已。

1978～1979年这两年中,中华各阶层间就有开办和陆续恢复几个新老杂志的议论与动作,如《文史》的重新开张就是。可是,一直到1980年9月13日下午,山荆李鼎霞与我从北大进城,到东安市场买东西,顺便先到中华访问,见到黄克学长(按南开大学中文系先后同学论),他才较正式地和我讨论,要开办一个较为通俗面向大众的文史类杂志的事。9月18日中午13时许,黄克、杨牧之两位学长衔命来舍下,正式地谈论创办《文史知识》杂志的事,并约请在下为编委。正巧袁行霈学长一会儿光降,也参加了讨论。但没有提请袁大学长参与编委会,我的理解是,袁大学长可能不久要到日本讲学去了。

当时我住在北大蔚秀园19公寓103号房,北大教职工家中安设电话者不多,我们这幢楼60户,谁家也没有电话。黄、杨二公找我，只有直接到家里来。骑自行车从城里王府井大街36号中华出发，往返约35公里，需时起码3个半小时。

第二天，即9月19日，我就开始动作，赴业师周燕孙（祖谟）先生府上，向老师和师母约稿。当天老师外出，只见到师母，因此，23日再度前往。结果是，老二位都答应写稿。10月4日，国庆假期刚过，黄、杨二公又莅临舍下。5日，我准备好约来的六篇稿件。10月16日，正式的第一次编委会在中华召开。李侃总编辑主持。我献上的几条想法与一些稿件均蒙嘉纳。它们是：一、建议开设"文学史百题""历史百题"两个专栏。这是受郑振铎先生过去编书的启发。二、贡献出叶圣陶先生批改的发表于《文物》杂志的拙作《青铜器浅谈》的复印件，为创刊号助阵。三、交出我约来的稿件。当时议定：1981年先出双月刊探路。为打开销路，俞明岳老先生自愿购买一千册，准备到处奉送。俞老大约属于新中国成立前出版系统的一个出资家族，"文革"后得到退赔，相当有钱。他那时已年过古稀，家里人想让他在有生之年随意和满意一些，每天在他兜里塞满钱，让随便花。俞老仍然自觉革命，中华有事，踊跃输将。凡是公家难以报账的，如在饭馆酒楼摆桌请客吃饭，那时简直无法报销，遇此等事，俞老马上自掏腰包付款。

1981年3月4日，经俞明岳老先生先期联系，在东城区魏家胡同九号"民进总部"开出刊后的首次编委会。那时私人汽车不多，城内外交通不堵。金开诚与我于晨7时许从北大西门坐32路（今称332路）公共汽车出发，到动物园倒103路无轨电车，抵达东四大致为8时半左右，比骑车快。以后每次大体上差不多。9点开会，我们俩算到得最早的。李侃总编辑亲自主持，黄、杨二公报告情况。刚刚调入编辑部的新生力量余喆（今日已成中华副总经理）、华小林等与会。"民进总部"是几层院落的四合院，整饰得相当气派。我们编委会此后在这里开会几次，均在其后院正房，是一处布置成中小型会议室模样的颇觉舒适的大房间。俞明岳老先生逝世后，大家就不怎么到这里来开会了。由此次起，每次会后必聚餐。这次在便宜坊，八成是俞老掏钱。

当时会议的重点之一是发行问题，特别是尚不能经邮局发行的问题。这可是关系到刊物成败的关键。大家想办法，什么招儿全想出来了，就是没想到走后门送礼，因为当时不兴这个，反而可能坏事。大家只是正面找邮局各色人等央及而已。散会后，我立即到中华，借打电话给在北京市教育局工农教研室工作的挚友李如鸾。他们管干部业余教育，学员遍布全市。老李满口答应。回校后第二天，我又和时在北大图书馆任职的陈文良学长讨论，敢情老李认识的人，老陈也认识。于是双管齐下。效果如何，事过多年，记不得了。我跟着他们出入邮局，从此与北大邮电所也熟悉起来，逢年按节写表扬信，至今已成习惯。今老李墓木已拱，老陈得了失语症，多年说不出话来，回想当年的风发意气，不胜今昔之感。以上不过是在下参与的一些外围工作，编辑部诸公绞尽脑汁，说破嘴皮，自行车频繁换里外带，还是请他们自己讲吧。

为了提高发行数，什么法子都想了。逼得黄、杨二公于4月4日来北大大饭厅前自己卖杂志兼卖中华图书。我发动中文系古典文献专业77级即将毕业的学生等，前往助阵。无奈那时的师生阮囊羞涩，站脚助威者多。为了结缘，刊物倒是送出去不少。此外，如利用工农教研室当时在政协礼堂或地质部礼堂等处办讲座之机，在走廊上卖刊物，那也是李如鸾报请他们的领导特许的。试举一例：10月23日上午，袁行霈学长经我等力邀，为工农教研室的全市学员在西四丰盛胡同中直机关礼堂开讲"中国古典诗歌的艺术鉴赏",由我陪同乘车前往。我跟着就和杨牧之、胡友鸣（毕业前义务帮忙）、华小林等在会场外摆摊卖杂志。真是赔本儿赚吆喝啊！

1980～1982年之际，李如鸾他们机关又在北京市广播电台邀请一些人开讲文学和语言常识，许德楠、杨贺松、王砚农三位学长与我播讲语言课，袁行霈、金开诚等位学长偶尔讲讲文学知识。再经黄、杨等位努力疏通，北京市广播电台于7月9日13时、21时播放《文史知识》消息，实为变相义务广告。与此配合，特意设计印刷出《文史知识》招贴画，请熟识的机关、书店代为张贴，但是，从不敢上街，怕被市容部门抓住，有辱斯文。这也是暗中挑动邮局，使之从速办理纳入征订范围之一法。

在下于前已发表之相关文字中多次指出，编辑部团结一致，心往一处想，劲往一处使，真有解放初那一股一心为革命的投入劲头。领导放手是另一关键。李侃总编辑坐镇二层楼，把握大政方针，从不干预六层楼上编辑部的具体事务。黄克学长在二层楼的文学编辑室另有繁重任务，逐渐撤出。10月27日，中华开四百人大会，宣布：原文学编辑室主任程毅中，提升为副总编辑；历史编辑室主任傅璇琮，同时提升为副总编辑。文学编辑室主任遗缺，提升许逸民为副主任，并无正主任，因而许君实为主任，不久真除。历史编辑室大概也用此法，任命的是哪位，我没有记录，大概是魏连科（后因家属在河北省等问题，自动申请调河北省社科院去了。魏君勤恳能干，与我关系甚好。他的调离，实为中华的一个损失）。可见当时对名义的重视。杨牧之被任命为新设的《文史知识》编辑部副主任，并无其他主任，不久真除。这是拨乱反正后中华的一次重要任命。群情振奋。在下有俚诗一首，以记其事：

抓耳挠腮苦费思，一堆来稿乱如丝。李总二楼为太宰，留后机宜付牧之。

题　签

　　早在北大读书时，就与程毅中学长约定：以后，我若出书，一定请他题签。当时不过说着玩儿罢了，心想，出书，猴年马月的事吧。不料，改革开放后，我竟然炮制出一些书。题签之事提上日程。实行起来，才知道不容易。我把程大学长的题签送去，有的出版社就是不认。他们要用自己的书法家来写。有的社点名要某位我认识的老一辈先生来写，如周一良先生，因为您指导了原稿的编写，审查了稿件。有的社声称要用印刷体。权在他们手中，有人干脆不通知我，自作主张。书出来才看到。我只有对程大学长再三抱歉，以后都不敢再开口又提要求啦。这次，又通过责任编辑徐真真女史去求。估计也许能印出来。真真女史真是真真的认真的人，支使她跑来跑去的，我可真真是不落忍的。因志其缘由如上。这虽是一件小事，办起来也得看因缘呢，我有点相信佛教的因缘说了。谨志如上，以表对程大学长和徐真真女史的感谢。这次，我又想麻烦林玉萍女史去求程大学长赐题签。事前已对程大学长打过招呼，估计一定能成。能否请林玉萍女史打电话先约好。但须声明：过去请程大学长题签，不论字数多少，每次200元。请包总付了罢。

致辞·贺辞

北京大学图书馆一百一十周年馆庆贺辞

列国环窥际，中华蜕变时。大学参西法，图书有所司。

辛亥欣光复，蔡公掌校权。红楼毛与李，马列敢先传。

世乱卅余载，藏弃幸粗安。李氏与马氏，艺风并柳风。

东语多方致，西文九译通。沙滩辞故地，博雅建新宫。

楼宇千寻广，琳琅百倍充。邓老亲题额，师生瞩望殷。

全馆当激励，建成新酉山。

信息管理系教授　　白化文　遵嘱撰辞

书石

公元二零一二年岁在壬辰荷月初吉

【注】请别立谦、李云等位同志注意：

酉山，指传说中的大酉山、小酉山，据说均为神仙藏书处。

荷月，阴历六月。月份可随意更改。初吉，阴历每月初一，一般认为是个吉日。这也可以随意更改的。

书石，李云说要刻在一块大石头上。若写在纸上，可用"录文"。

在定稿前，可以多多更改。但必须告诉我，我来改。因为，牵涉到合辙押韵，还是我来办罢。

首都图书馆百龄寿辞

聚幽燕山川之气，居衣冠礼乐之邦。麟台高起，辉京都首善之区；豹采多姿，括琬琰天禄之美。首都图书馆肇基于辛亥革命，发端自鲁迅先生。初名京师通俗图书馆，以普及文化服务大众为职志，是为国内首座通俗图书馆。既洽乎文林，亦轶出辙轨。新中国成立前三十余年，国步屯艰，时局丕变。同仁坚守，勉力维持。惨淡经营，缓慢发展。天祚维新，开国全盛。重熙累洽，稽古崇文。爰自乙未丙申之际，易名首都图书馆，移入国子监安置。仿佛久病之衰躯，焕成新生之鸣凤。且明确任务：为普及文化、为首都与全国广大群众服务。多士胥庆，泮水新清。十余年间，起步冲刺，成绩超卓。讵意学海波寒，儒林烟翳；值清流之罗织，痛女祸之披猖。同人骊珠谨握，雾豹深藏。人天公愤，讨群丑于广庭；

雷电交加，扑四凶于庙社。欢腾万户，国运再兴。时逢再造，肃杀过而繁英来；世无久虚，箫韶奏则文华见。正际昌隆之会，敢为盛世之先。中央与市委市府着意扶持，全馆上下齐心协力。改革开放以来，发展迅猛。辛巳五一，新馆落成开馆。今更接续二期工程。主楼层七八九，遥望如展开书页；阅览室二十余，内中则设备整齐。气势恢宏，载籍充满。历史文化与现代气息浑然一体，满足六大功能。三个层次并举，五种服务贯连。

新中国成立以来，藏书量由三万余快速增至三百余万册，各种特藏称是。全赖领导指挥有方，采编群策群力，鳌其先后，部厥纷繁，挈领提纲，分门别类。定彼纷纭，归诸至当。深探二酉之大山小山，勒成全馆之总目专目。

馆藏特色，以通俗戏剧、曲艺、小说为一大宗；情节则悲欢离合，音韵则清浊高下。内容则朴刀杆棒，风花雪月；披袍秉笏，佩玉鸣銮。无丽不臻，各体皆备。车王府曲本尤为独步。已经同人擘画，多方助成，代谋影印，以广流传。斯则当代出版界一大举措，国际称赏。复有戏单、唱片、光碟、照片等，亦为本馆特藏中之大宗，极富特色。与说部、唱本等馆藏相映生辉焉。

新馆之内，又有新增服务内容：

一为建立完善服务体系，亦即"一卡通"服务。实现本馆以至区县馆、街道乡镇馆等一百五十八馆联合检索，通借通还，网上阅读四级服务。浏览左图右史，参稽东日西英。诚乃从来未有之创举也。

二为文化资讯共用工程。2008年基本完成。百分之百覆盖至行政村服务点。并以广播网模式开发"北京市文化资讯资源分享工程内容传输平台"，电激星驰，流光溢彩。入耳繁弦急管，纵观绘影图形。开从来未有之局，诚乃与前者相辅相成之美事也。

三为古籍保护工作迅速开展。十年建设，2007年正式成立北京市古籍保护中心办公室。至2012年，已建立中国基本古籍库等八大资料库，诚乃嘉惠士林、式彰文治之巨大举措也。

四为系列讲座。每周多种数十场，数十年来已达万余。各界高贤，共襄盛事。听众鼓掌，读者倾心。诚乃藻繢学林、笙簧文苑之盛事也。

五为"北京记忆"。开篇证古，命牒传今。询访时宜，搜罗往事。博咨故老，参考旧编。著风气迁移，志山川扼要。诚乃自有京师方志等集录以来多识旁搜前所未有之巨大成就也。

化文供职图书馆界，馆内多有故交。数十年来，目睹首都图书馆壮大成长，辄为之欣喜。今值馆庆，敢贡寿辞。仅能略述都凡，不免贻笑大雅。时当公元2013年，首都图书馆期颐华诞，北京大学信息管理系教授白化文撰文谨贺。……书丹。……刻石。

文大贤弟：现将文稿初稿送来。收到请电话示知。此稿为初稿，当在诸君指导下不断改进。

请代问馆内认识不认识的诸君好！特别问候乃英与年轻的朋友。

2012年2月2日，星期四

关于叕翁藏书的讲话

尊敬的与会领导、同志们和朋友们：

我是北京大学信息管理系退休人员。能在会上发言，深感荣幸。

叕翁的长公子太初（一良）先生，您的侄子绍良先生（年幼时寄养在叕老家中，排行第四），都是我的老师。因而，从某种意义上说，我可以勉强算是叕翁的再传弟子。可惜，我从没有亲炙于太老师之门的机会，遗憾终生。

大体上说，我国传统的"老派"藏书家，明清以来，讲究的是"百宋千元"。可是，存世的宋元善本，有著录的也就两三千种。如今，大部分已纳入公共图书馆系统。像叕翁那样的私家大藏书家，我以为，已成绝响。从这一方面看，说叕翁是大藏书家中的殿军，也就是最后一位，是结束那几百年藏书家史的人物，绝不为过誉。

难得的是，请弢翁来结束这一段藏书家史，实在是中国藏书史的光荣。因为，弢翁的藏书，不但以精、美、富著称，而且最后全都无偿捐献，归之于公。这实在是我国藏书史上夕阳无限的一道最美好的风景。令人欢喜赞叹！国家图书馆等单位多次举办缅怀性质的鼓舞后来人的各种展览，良有以也！

积善之家必有余庆。今日莅会的周府后人，如我的十师叔景良先生，以及太初老师的哲嗣启锐师弟，绍良老师的哲嗣启晋师弟、启瑜师妹等位，各有所成，英挺明爽，不啻老师当年。这是多么让人欣慨交心的情景啊！

如今，研究弢翁的藏书史，已经逐渐成为一项专门之学。天津图书馆的李国庆先生堪称突出的代表。他编写的《弢翁藏书年谱》，是对弢翁生平与藏书的开山研究力作。国家图书馆自入藏弢翁捐献后，也做了许多工作。如，80年代，冀淑英先生在编目、鉴定、公布等等方面，率先作出典范性的目录材料。国家图书馆善本部程有庆研究员等位，多年来默默地为自庄严堪原藏而归之于馆藏的影印流布等事，作了极多工作，七册一套的洋洋巨著《自庄严堪善本书影》，由太初老师发端，景良师叔在程有庆大力配合下，终底于成。国家图书馆出版社上下，也为相关的各种事宜作出极多的贡献。这是一件编纂出版方面的大事，理宜在此提出，以旌善人。我的发言到此为止。谢谢！

在《北京文史》座谈会上的发言

北京文史馆各位领导和负责人赏脸,赏给我一个《北京文史》杂志顾问的头衔,传我来与会。这是多大的荣幸呀!到了新大都饭店,我都找不着北啦。

我一看请来的顾问名单,除了我以外的几位,拿国球乒乓球运动来比喻吧,前三位都是属于邓亚萍、王楠、张怡宁那个级别的,而我连三级运动员都没打上去,我坐在这个位子上,总感觉有点儿不对劲。再说呢,北京文史馆的各位馆员,我也认识好几位。我知道北京文史馆是藏龙卧虎之地,各位都是龙腾虎跃之人。过去论人物,有龙虎狗的说法。我想我就属于狗吧,还不能算大狗,只能算那种通常搁在袖子里面的小巴儿狗。此狗还老了,站起来作揖有点儿吃力,只可甩甩尾巴啦。

我看,北京文史馆和《北京文史》杂志,现在正值占天时、得地利、靠人和的好时候。占天时，指的是领导重视与大力支持。有今日程红市长的讲话为证，那是对咱们多大的支持、关怀和许诺呀！我一边听，一边就有热血沸腾之感。得地利呢，我只说一点，咱们在全国省市级单位中得天独厚，地域较小而集中，馆员容易召集。各省就不行，拿我的祖籍江苏省来说，虽然是人文荟萃而又交通十分便利的大省，在南京市召开一次全省文史馆馆员会，每次都到不齐。咱们则可朝发晨至。联系方便。至于人和呢，北京乃"人海"，什么人才、人物没有？全国之中，只有上海市差可比肩。所谓"京派""海派"，双峰并峙二水分流，各有千秋。即以文史馆所办刊物与出版物来说，较之其他各省市，咱们的优势相当大。我经常收到一些省市文史馆寄来的刊物，发现他们刊出的内容，当然一流的居多，凑份子的也不少。可说三七开至多五五开则。这与我们前边说过的情况可能有关系。北京呢，也许我偏向与偏爱吧，至少是倒三七开，我看是九一开。这与我们拥有一大批如此优秀的馆员队伍有极大关系。环顾各大期刊，谁能有咱们这样强大的固定的作者队伍呢。

从这一点出发，我还得强调，北京文史馆真是藏龙卧虎之地。且举几个例子。在座的我们北京大学的于希贤教授，那是我的朋友。刚才王蒙部长讲了风水问题，予以肯定。于先生不仅是侯仁之先生的嫡系，而且是风水专家。前些日，我们北大教授、全国劳模孟二冬教授逝世了，要下葬，找了两个人，一位是于希贤先生，负责点穴。一个人是我，给孟二冬同志树碑立传。我平生第一次见识到怎么看风水点穴，我认为那不全是迷信。因为于教授点的那个地方特别好，风景或者说景观特别美丽。建成后我一看照片，连同石碑在一起，显得那地方真是漂亮。无论从哪个角度看，全都很美。我算服了。

再举一个例子，你看韩朴先生，我们是熟人。我认为，他在北京史研究方面、北京史地文献方面的学问比我起码要高好几万倍。北京市的史地书籍他基本上都看过，他编写的这方面的材料，最近由中国书店出版社新版的，有《北京历史文献要籍解题》洋洋两大册，《北京地方文献工具书提要》一厚册。我敢说，后来人要想从事研究北京的工作，必须以之为起点站。

我想，咱们花这么大力气，出这么多钱，又有这么雄厚的作者队伍，《北京文史》为什么不公开发行呢？所以我斗胆地建议：咱们可以公开发行。而且要争取比现在要办得好一些，不是说现在不好，而是说你要公开发行，必然要争取可以雅俗共赏的发行数量。过去北京有一个文史类的刊物，那是八九十年代的《燕都》，当时读者还真不少。后来《燕都》停办了，好多人怀念它。可见，这种类型的文史类的刊物是很受北京一代又一代的读者欢迎的。

中央文史馆跟上海文史馆合作出版的《世纪》杂志，据我所知是公开发行的，性质跟咱们差不多，但是主要是针对华东那一带，因为是在上海办的。《世纪》也赏给我看，我常看，慢慢感觉到一个问题了，就是，文史刊物越来越不好办。为什么呢？因为该说的大人物和大事件，你从这边说，我从那边说，已经罗掘得差不多了。举个例吧，有关齐白石大师的回忆，最近有人还在写，那是可以的。特别是他的学生和家属也在写，挺好的。可是究竟不能持久，因为就这么一位齐白石大师，这么说、那么说，说到顶就没的说了。上海人比较聪明，已经往小的方面写，写小的人物，而且是民国时代的人物与事件。旁及新中国成立后的。我建议呢，是不是咱也得扩大一下咱们的领域，要不然越写范围越缩小了，就不太能够获得读者的欢迎了。

总的来说，办好《北京文史》，其重要意义不待我来说，十分重大。它是我们联系北京以至全国、海外各界，特别是文史界并扩及科技界等各界的一条纽带，起着无可替代的"统战"和传播中国历史的巨大作用。我想，市里和馆里的领导与馆员同志们比我更明白其中道理，我就不必多说啦。至于咱们刊物的特色，我看本来就很明显，那就是"京味十足"。在市、馆领导和诸多方面的大力支持下，在馆员群贤的齐心协力下，《北京文史》成立了新班子，兵强马壮，摩拳擦掌，正待大干一番。跂予望之！

致《域外汉籍珍本文库》编委会

《域外汉籍珍本文库》编辑委员会诸君子：

9月底之会议，因贱疾，未能参加，实觉遗憾，抱歉之至。读掷下材料，收获良多。谨作书面汇报如下：

我们已经作出十分优异的成绩，必将垂名中国与国际编辑史、出版史、印刷史等史册。不宜妄自菲薄，出版社与编辑部均应随时整理我们自己的史料，包括文字、影像、视听等史料，以备将来圆满结束总结时使用。此点至为重要。别的部门有许多经验教训。如中华书局《文史知识》杂志已行世三十一载，但留存的照片资料甚少，文字记录亦不全备，以至三十周年庆祝会时捉襟见肘。我们不可蹈其覆辙。这是一。

我们有许多做法甚好，应坚持下去。如"单行本"系列，极多少见但颇为有用之书。如《1877年版大英博物馆藏中文刻本、写本、绘本目录》即是。再如，《花梦集》，不但极为稀见，整理方式亦极有创意，采取影印原钞本与整理校点繁体字直排蓝格排印本合一同函推出之新颖方式，可谓不惜工本、锐意求精之作。同时，对培养新一代的古典文献工作者亦开辟一条新路，影印原本与校点本并列，读者收左右逢源之用，同时促使校点者加强责任心。此种作法理应坚持。这是二。

所谓"域外汉籍"，看来包括我国古代学者著述与外国学者记述其本国史事两种汉文书籍。我极为赞成。建议多多注意收集、整理、出版外国学者的著作，特别是多少涉及我国情况的著作。这样，可以与安平秋先生等位正在从事的另一大项目多少错开，以免重复。也可与国内存有同样版本的将来极有可能影印的本子错开。再有，有些外国材料，不一定全部采用，可以采择另编。这也是锻炼新一代古典文献工作者的一种方式。例如，入唐新罗名士崔致远，在唐留有《桂苑笔耕集》二十卷，但他回国后的著作，中国人留意者不多。特别是他为入唐僧人（如善昭）写的碑文，并篆额（他是著名书法家，留有"智异山双溪寺石门题字"等），我们很少注意。日本人占领朝鲜时编有《朝鲜金石总览》（校勘不精），收集入华人士碑文甚多，我们也极少注意。若是组织中青年古典文献工作者，参稽各种专书，拓片，照相，校点写成一部新著，并附以图片，定能独树一帜。这是三。

四是，希望更加不惜工本，多出线装加套的精良品种。这也是对我国民族手工业，包括造纸、印刷装订等各个行业的直接支持。中国纸寿千年，不止千年，这也是出版家和组织者、整理者等位留名后世的事。不宜低估。更应想到作为国礼赠送的需要，库里应留有若干套完整的，以备不时之需。例如，万一英女皇逝世，孙子登位，咱们得派军舰载运礼品去致贺，那就用得着咱们的书了。

以上互不关联的四点，仅为一时想到的，仅供参考。我们的成绩是巨大的，再接再厉是必然的！据说，会上发言限制为5分钟。以一分钟180字的频率计，我已经超额了。谨此鞠躬下台。

白化文，2011年10月5日，星期三

致《文史知识》编辑部

《文史知识》编辑部于主任和各位同仁：

听说要给编委出书，喜悦莫名。

我给拙稿初步想了一个书名：《文史图书丛稿》

现在把翻出来的这几年的五十多篇拙稿一并寄过来，请挑选。我自己挑选的范围是：一、这几年，即四五年之内的新作；二、尚未结集者，特别是给真真的那一本中没有收入的；三、有点喜兴味道的和中性的，衰飒性质的挽词等没有要。

有一篇重要的，我的电脑里找不到了，请一定加上："守旧规，开新局——中华书局百龄感言"，载于《书品》2012年第2期。

请从我送来的稿子中任意挑选，然后告诉我，挑中哪些篇。剩下的，我好再卖给别人去。然后，我再和大家一起，编目次，写前言后记等。

　　请代问我认识和将要认识的中华上下群公好！特别问候胡友鸣同志和小马及其猫群好！

　　十分感念杨春玲女史几年来为我所做的一切。

白化文敬上

2012.07.29.